AF433660

* 9 7 9 8 8 6 9 2 0 2 2 5 3 *

ספר
עֵץ חַיִּים
לרבינו
חיים ויטאל ז"ל
שֶׁקִּיבֵּל ממרן הַאֲרִ"י זלה"ה
שַׁעַר סֵדֶר הָאֲצִילוּת
שַׁעַר ג' פֶּרֶק א'
דט"ו ע"ב – דט"ז ע"ד

תש"פ
SimchatChaim.com

בהוצאת
שִׂמְחַת חַיִּים

בס"ד

הקדמה

ירפא **ה**מאציל **ו**יושיע **ה**בורא את כל חולי בני ישראל, וישלח להם רפואה שלימה, רפואת הנפש ורפואת הגוף, בכל אבריהם ובכל גידיהם לעבודתו יתברך.

בי"ב במנחם אב תשס"ה, הובהלתי לבית החולים, הרופאים לא נתנו לי סיכוי לחיות יותר מכמה שעות בגלל מספר תסבוכות. עם כל זאת בזכות התפילות של בני ישראל הקדושים, ברחמיו הרבים, ריחם עלי הקדוש ברוך הוא, ונשארתי בחיים.

עם כל זאת, הובחנה אצלי מחלה קשה בכליות, ונאמר לי שהצטרך למכונת דיאליזה. בשבילי זה היה שוק!!! אף פעם לא הייתי אצל רופא, או בית חולים. כך בעל כרחי התחברתי למכונת דיאליזה, ומכונה זאת הייתה[1] קשורה בי ככלב במשך שמונים חודשים בדיוק, כמניין **יסוד**, במשך 12-10 שעות ביום.

בשבת פרשת **ויחי יעקב** י"ב טבת תשע"ב, בזכות בני ישראל, שכולם אהובים כולם ברורים כולם גיבורים כולם קדושים... וכולם פותחים את פיהם באהבה שלוש פעמים ביום, ואומרים - **ברוך אתה... רופא חולי עמו ישראל**, וכללותם כל האברכים, תלמידי הישיבות, רבנים וחכמים, חסידים, מקובלים עם תינוקות של בית רבן, זקנים עם נערים, בחורים וגם בתולות, בארץ הקודש ובעולם. ומצד שני בנות ישראל היקרות מפז, שהתפללו וקבלו עליהם כל מיני קבלות, מהפרשת חלה עד צניעות וכיסוי הראש, עם הרבנים, המנהלים, המורים, המורות **והתלמידות של בית יעקב דטורונטו** שכל יום התפללו, וכללו בתפילתם שבקעה את כל הרקיעים אותי, ונושעתי אני הקטן. הושתלה בי כליה. והתנתקתי ממכונת הדיאליזה.

אמר המלך דוד - לולי[2] תורתך שעשעי אז אבדתי בעניי. מה שנתן לי חיות היא התורה הקדושה, בשעות הרבות שהיתי מחובר למכונת הדיאליזה)12 שעות ביום(, ערכתי סדרתי וכתבתי במחשב את הקונטרסים שלמדתי במשך שנים. וקונטרסים אלו הפכו לחיבור, ואחרי התלבטויות ובקשות מבני גילי, החלטתי בעזרתו יתברך להדפיס קונטרסים אלו.

ידוע הוא כי כל דברי האר"י זלל"ה ותלמידו נאמן ביתו, רבינו חיים ויטאל הם סתומים וחתומים באלפי שרשראות ומנעולים, והרב ז"ל גלה טפח וכיסה אלפים אמה, וכלל דבריהם הוא משלים, עם כל זאת העוסק במשל פועל בעלמות העליונים בנמשל. לכן צריך זהירות גדולה לא להגשים את המשלים, בסוד המבואר בספר הזוהר הקדוש - **ועלייהו אתמר** ועליהם נאמר - **ארור האיש אשר יעשה פסל ומסכה וגומר, ושם בסתר, מאי בסתר** מהו בסתר - **בסתרו דעלמא** בסתר העולם. **ובגין דא אמר קודשא בריך הוא לא תעשון אתי** ומפני זה אמר הקדוש ברוך הוא לא תעשון אתי **אלה"י כסף ואלה"י זהב, והכי אוקמוה חבריא לא תעשון אתי כדמות שמשי שמשמשין אותי** וכך העמידוהו החברים לא תעשון אתי כדמות שמשי שמשמשים אותי **במרום, לצייירא בסתר דילי שום ציור או דמיון** לצייר בסתר שלי שום ציור או דמיון, **דכל מאן דצייר לעיל לקודשא בריך הוא** שכל מי שמצייר למעלה לקדוש ברוך הוא, בסתר)**דאיהי שכינתיה, כלילא מעשר**

1

גמרא סוטה ד"ג ע"ב – רבי אלעזר אומר, **קשורה בו ככלב**, שנאמר - ולא שמע אליה לשכב אצלה להיות. עמה לשכב אצלה בעולם הזה. להיות עמה לעולם הבא.

2

תהלים קי"ט צ"ב

ספיראן שהיא שכינתו, כלולה מעשר ספירות(, **שום ציור, וצלם, ודמות, כגוונא דמצייריין בשמשין דיליה** שמציירים בשמשים שלו, **נשמתיה אתלבשא בההוא צלמא** נשמתו מתלבשת באותו צלם.....

וכן הוא בסוף ענף ד' דשער א' בספר עץ חיים שער ההקדמות, וז"ל הטהור. ואמנם דבר גלוי הוא כי אין למעלה גוף ולא כח גוף חלילה. וכל הדמיונות והציורים אלו לא מפני שהם כך חס ושלום. אמנם **לשכך את האוזן** לכשיוכל האדם להבין הדברים העליונים, הרוחניים, בלתי נתפסים, ונרשמים בשכל האנושי. לכן ניתן רשות לדבר בבחינת ציורים ודמיונים, כאשר הוא פשוט בכל ספרי הזוהר. וגם בפסוקי התורה עצמה כולם כאחד עונים ואומרים בדבר הזה, כמו שאמר הכתוב עיני הוי"ה המה משוטטים בכל הארץ. עיני הוי"ה אל צדיקים. וישמע הוי"ה. וירח הוי"ה. וידבר הוי"ה. וכאלה רבות. וגדולה מכולם מה שאמר הכתוב - ויברא אלהי"ם את האדם בצלמו בצלם אלהי"ם ברא אותו זכר ונקבה וגו'. **ואם התורה עצמה דברה כך** גם אנחנו נוכל לדבר כלשון הזה, עם היות שפשוטו הוא שאין שם למעלה אלא אורות דקים בתכלית הרוחניות, בלתי נתפשים שם כלל, וכמו שאמר הכתוב - כי לא ראיתם כל תמונה, וכאלה רבות. ואמנם יש עוד דרך אחרת כדי להמשיך ולצייר בה הדברים העליונים, והם בחינת כתיבת צורת אותיות, כי כל אות ואות מורה על אור פרטי עליון, וגם תמונת זו דבר פשוט הוא כי אין למעלה לא אות ולא נקודה, **וגם זה דרך משל וציור לשכך את האוזן** כנזכר.....

ולכן כל המבואר כאן בחיבור זה הוא כדי **לשכך את האוזן**. והתרשימים שבסוף החיבור הם כדי **לשבר את העין**, לכן אין שום ביאור והסבר שלם, ואין שום תרשים שלם בתכלית השלמות.

ידוע כי[3] דברי תורה עניים במקומן ועשירים במקום אחר, **ועל אחת כמה וכמה** בדברי הרב ז"ל, שכל סוגיה חסרה[4] במקומה, וחלקיה מפוזרים במקומות אחרים. **זאת ועוד** הרב ז"ל מערבב בדרוש אחד כמה וכמה סוגיות, כאשר בפשטות דבריו נראה שכל הדרוש הוא דרוש אחד, ולא מחולק לסוגיות שונות, ושמועות שונות, **ביאור** דברי הרב ז"ל כאן הם **בעומק, והוא בעצם ליקוט** עד איפה שידי הקצרה הגיעה, מכל חלקי ספר עץ חיים, ושמונה השערים המצויינים לרב ז"ל, מבוא שערים ושאר ספרי הרב ז"ל, והוא גם על פי הקדמת רחובות הנהר למרן הרש"ש, דרושי פנימיות וחיצוניות, דרוש הדעת, סוגיות ערכין, סוגיות דכללות והתכללות, פרטות וכללות, וסוגיות עובי ואורך, ועל פי ביאור גדולי רבותינו חכמי המקובלים לדורותם זלה"ה זי"ע.

ידוע כי[5] אין בר בלי תבן, כך אין ספר בלי טעויות, ועוד יודע אני כי דל ועני אני, **ואין[6] עני אלא בדעה**. לכן מבקש אני בכל לשון של בקשה אם יש לכל אחד שאלות, הערות, הארות, תיקונים, נא לשלוח ל - book@simchatchaim.com והשתדל לענות, ולתקן את הצריך תיקון.

בברכה והצלחה בלימוד התורה הקדושה

ובעיקר בפנימיות התורה, תורת האר"י הח"י.

ורפואה שלימה לכל חולי ישראל.

אח"י

גמרא ירושלמי, ראש השנה פ"ג הלכה ה' די"ז ע"א – דברי תורה עניים במקומן, ועשירים במקום אחר.

תורת חכם דע"ב ע"ב – חסר לשון הוא, כמו שיראה המעיין.

גמרא ברכות נ"ה א' – מה לתבן את הבר נאם ה', וכי מה ענין בר ותבן אצל חלום, אלא אמר ר' יוחנן משום ר' שמעון בן יוחאי ,כשם שאי אפשר לבר בלא תבן, כך אי אפשר לחלום בלא דברים בטלים.

גמרא נדרים מ"א ע"א – אין עני אלא בדעה .

ב"ה

הקדמה קצרה לחיוב לימוד תורת הקבלה

ישמחו ה**ש**מים ו**ת**גל ה**א**רץ ירעם הים ומלאו. שזכינו בדור שלנו שפנימיות התורה, שהיא היא תורת הקבלה, מתפשטת לכל, וכל מקום בעולם היום לומדים בתורת הח"ן. הדור שלנו יש הרבה התעוררות ללמוד סתרי התורה הקדושה, הנקראת חכמת הקבלה. בירושלים של המאה ה-18 בישיבת **בית אל** היו בקושי מנין של מקובלים, והיום תורת הקבלה מופצת בכל מקום בארץ ובעולם. לעניות דעתי אחת הסיבות העיקריות לשינוי זה הוא רצונם של בני התורה, החוזרים בתשובה ועמך לדעת את סוד החיים, למה ברא הקדוש ברוך הוא את העולם, ואת טעמי המצות, ר"ל אי אפשר היום בדור שלנו, להסביר על פי הפשט את הסיבה מדוע אסור לאכול בשר וחלב, מדוע צריך להניח תפילין, למה לשמור דווקא שבת ולא יום שלישי, אי אפשר להגיד כל הזמן **זאת גזרת הכתוב, כך רוצה הקדוש ברוך הוא,** האנשים מחפשים הסברים למצות, לסיפורי התנ"ך, לגלגולי נשמות, ועוד. ורק על ידי עסק בפנימיות התורה, אדם מסיג את ההסברים לקושיות שיש לו. **זאת ועוד** חיים אנחנו בדור של חומריות, והאנשים מחפשים את רוחניות שבחיים, אז מה עושים, נוסעים למזרח, להודו, סין, תאילנד למצוא רוחניות, ולא יודעים **ששורש כל הרוחניות בעולם נמצאת בתורה הקדושה,** עם כל זאת כאשר הלומד את פשט התורה, **הוא לא מכיר** את הקדוש ברוך הוא, והוא בלי יראת שמים ושמחה אמתית. כותב הרב המקובל האלוה"י רבינו יהודה פתייה בפרושו הנפלא על עץ חיים - כי לימוד עץ חיים הוא עמוק מאד מאד, כי הוא **מים שאין להם סוף,** והוא קשה מאד גם לחכמים ההוגים בו תמיָד, וכל שכן למתחילים. כי הוא חזק מצור, וקשה מברזל, שאי אפשר לחצוב ממנו מאומה, אם לא על ידי כלי מחצב חזקים כציפורן שמיר. וכל המתחיל בלימוד עץ חיים, אם לא יהיה לו רב, או לפחות איזה מפרש המפרש לו כוונת הפרק ההוא לפי פשוטו, נבול יבול, ואינו יכול לעמוד על הפרק כי אם לאחר יגיעה רבה, ושקידה עצומה, וכולי האי ואולי. כי הרבה פעמים יסבור המעיין שהבין העניין ההוא כראוי, ואחר שילמוד עוד איזה פרקים אחרים, ירגיש כעצמו שלא הבין את פרקים הקודמים, והניסיון יעיד על זה, עד כאן דברי קודשו. עם כל זאת חייב כל אדם לעסוק בתורת ה**ח**יים.

צדיק אתה הוי"ה וישר משפטיך. כתב הרב רבינו חיים ויטאל ז"ל בהקדמה לשער ההקדמות - והנה מה שכתב בתחילת דבריו, ואפילו כל אינון דמשתדלי באורייתא כל חסד דעבדי לגרמייהו וכו', עם היות שפשטו מבואר ובפרט בזמנינו זה, בעוונותינו היום אשר התורה נעשית קרדום לחתוך בה אצל קצת בעלי תורה, אשר עסקם בתורה על מנת לקבל פרס, והספקות יתירות, וגם להיותם מכלל ראשי ישיבות, ודיני סנהדראות, להיות שמם וריחם נודף בכל הארץ, **ודומים במעשיהם לאנשי דור הפלגה הבונים מגדל וראשו בשמים,** ועיקר סיבת מעשיהם היא מה שאמר אחר כך הכתוב - **ונעשה לנו שם...** והנה על הכת הזאת אמרו בגמרא כל העוסק בתורה שלא לשמה, נוח לו שנהפכה שליתו על פניו, ולא יצא לאויר העולם. ואמנם האנשים האלה מראים תמה וענוה באמרם כי כל עסקם בתורה הוא לשמה. והנה החכם הגדול התנא רבי מאיר ע"ה העיד עליהם שלא כך הוא, באומרו לשון כללות - כל העוסק בתורה לשמה זוכה לדברים הרבה וכו', **ומגלים לו רזי תורה, ונעשה כנהר שאינו פוסק,** והולך

וכמעיין המתגבר מאליו, בלתי הצטרכו לטרוח ולעיין בה, ולהוציא טיפין טיפין של מימי התורה מן הסלע, הנה זה יורה שאינו עוסק בתורה לשמה כהלכתה, ומי זה האיש אשר לא יזלו עיניו דמעות בראותו המשנה הזאת, **ורואה חסרונו ופחיתותו**, עד כאן לשונו. לכן כל אחד צריך לטעום מעץ החיים.

חצות לילה אקום להודות לך על משפטי צדקך. כתב רבינו אליהו מני זצ"ל רבו של הרי"ח הטוב, בספרו הקדוש כסא אליהו שער ד' וז"ל - ואם זיכך הוי"ה ללמוד בחכמת האמת, הנה עצה היעוצה היא שכל סדר הלימוד בנגלה תתנהג בו ביום דווקא. **אבל בלילה תלמוד בחכמת האמת, והעיקר הלימוד אחר חצות**, כי זה הלימוד צריך ישוב דעת הרבה, וכשיקוץ האדם אז דעתו מיושבת עליו יותר. גם גה גה הלימוד צריך הסתר והצנע, **וכל דבר שיהיה בלילה ובפרט אחר חצות יהיה נסתר יותר מן היום**. ותעשה ועד עם החברים בבית המדרש אם הוא צנוע, **או בביתך ותלמדו בכל לילה**, עד כאן לשונו. וישב האדם ללמוד בלילה תחת עץ החיים.

קראתי בכל לב ענני הוי"ה חקיך אצרה. בהקדמה[7] לשער ההקדמות מבאר הרב ז"ל - ואמנם אל יאמר אדם אלכה לי ואעסוק בחכמת הקבלה, מקודם שיעסוק בתורה במשנה ובתלמוד, כי כבר אמרו רבינו ז"ל - אל יכנס אדם לפרדס **אלא אם כן מלא כריסו בבשר ויין**, והרי זה דומה לנשמה בלתי גוף, שאין לה שכר ומעשה וחשבון, עד היותה מתקשרת בתוך הגוף, בהיותו שלם מתוקן במצות התורה בתרי"ג מצות. **וכן בהפך** בהיותו עוסק בחכמת המשנה והתלמוד בבלי, ולא ייתן חלק גם אל סודות התורה וסתריה, כי **הרי זה דומה לגוף היושב בחושך**, בלתי נשמת אדם נר הוי"ה המאירה בתוכה, **באופן שהגוף יבש בלתי שואף ממקור חיים**, אשר זהו ענין אומרו במקום אחר ההוא הנזכר לעיל וז"ל - דאילין אינון דעבדי לאורייתא יבשה, ולא בעאן לאשתדלא בחכמת הקבלה וכו'. באופן כי התלמידי חכמים העוסקים בתורה לשמה, ולא לשמו, לעשות לו שם. צריך שיעסוק בתחילה בחכמת המקרא, והמשנה, והתלמוד, כפי מה שיוכל שכלו לסבול. ואחר כך יעסוק לדעת את קונו בחכמת האמת, וכמו שציוה דוד המלך ע"ה את שלמה בנו - דע את אלה"י אביך ועבדהו. ואם האיש הזה יהיה כבד וקשה בעניין העיון בתלמוד, מוטב לו שיניח את ידו ממנו, אחר שבחן מזלו בחכמה זאת, ויעסוק בחכמת האמת. וזה שמבואר כל תלמיד חכם שאינו רואה סימן יפה בתלמוד בחמשה שנים, שוב אינו רואה, עד כאן דברי קודשו. ומזה כל אחד ואחד חייב להדבק במקור החיים.

הסדר הוי"ה מלאה הארץ חקיך למדני. בשער הגלגולים, בקדמה ט"ז כתב הרב ז"ל - עוד צריך שתדע, כי האדם צריך לקיים כל התרי"ג מצות, במעשה, ובדבור, ובמחשבה. וכמו שאמרו ז"ל על פסוק - זאת התורה לעולה ולמנחה וכו', כל העוסק בפרשת עולה, כאלו הקריב עולה וכו'. וכוונו בזה שהאדם מחוייב לקיים כל התרי"ג מצות בדבור, וכן על דרך זה במחשבה. ואם לא קיים כל התרי"ג בשלשה בחינות הנזכרות, מחוייב להתגלגל עד שישלים אותם. **עוד דע**, כי האדם מחויב לעסוק בתורה בארבעה מדרגות, **שסימנם פרד"ס**, והם, פשט, רמז, דרוש, סוד וצריך שיתגלגל שישלים אותם. ובהקדמה י"ז כותב הרב ז"ל, וז"ל - שהאדם **מחוייב לעסוק בתורה בארבעה מדרגות שבה**, והיא זאת, דע, כי כללות כל הנשמות

ע"ח ד"א ע"ד.

הם ששים רבוא ולא יותר. והנה התורה היא שרש נשמות ישראל, כי ממנה חוצבו, ובה נשרשו. ולכן יש בתורה ששים רבוא פירושים, וכלם כפי הפשט. וששים רבוא ברמז. וששים רבוא בדרש. **וששים רבוא בסוד.** ונמצא, כי מכל פירוש מן הששים רבוא פרושים, ממנו נתהווה נשמה אחת של ישראל, ולעתיד לבא כל אחד ואחד מישראל, ישיג לדעת כל התורה כפי אותו הפירוש המכוון עם שרש נשמתו, אשר על ידי הפרוש ההוא נברא ונתהווה כנזכר. וכן בגן עדן אחר פטירת האדם, ישיג כל זה. וכן בכל לילה כאשר האדם ישן, ומפקיד נשמתו ויוצאה ועולה למעלה, הנה מי שזוכה לעלות למעלה, מלמדים לו שם אותו הפירוש, שבו תלוי שרש נשמתו. ואמנם הכל כפי מעשיו ביום ההוא, כך באותה הלילה ילמדוהו, פסוק אחד, או פרשה פלונית, כי אז מאיר בו יותר פסוק ההוא משאר הימים. ובלילה האחרת יאיר בנשמתו פסוק אחר, כפי מעשיו של אותו היום, וכולם על דרך הפירוש ההוא אשר תלויה בו שרש נשמתו כנזכר, עד כאן דברי קודשו. ור"ל שכל יהודי ויהודי חייב להשיג את שורש נשמתו, וללמוד את סוד ה**חיים.**

י**באוני רחמיך ואחיה כי תורתך שעשעי.** מבואר במדרש משלי - אמר רבי ישמעאל, בוא וראה כמה קשה יום הדין שעתיד הקדוש ברוך הוא לדון את כל העולם כולו בעמק יהושפט. בזמן שתלמידי חכמים באים לפניו, אומר לכל אחד מהם - כלום עסקת בתורה, אמר לו הן, אומר לו הקדוש ברוך הוא הואיל והודית, אמור לפני מה שקרית, ומה ששנית בישיבה, ומה ששמעת בישיבה. מכאן אמרו - כל מה שקרא אדם יהא תפוש בידו, שלא תשיגהו בושה ליום הדין. מכאן היה רבי ישמעאל אומר - אוי הלה לאותה בושה, אוי לה לאותה כלימה, ועל זה ביקש דוד מלך ישראל בתפילה ובתחנונים לפני המקום ואמר - **הוי"**ה בוקר תשמע קולי בוקר אערך לך ואצפה. בא לפניו מי שיש בידו מקרא ואין בידו משנה, הקדוש ברוך הוא הופך את פניו ממנו, ושרי גיהנם מתגברים בו כזאבי ערב, ונוטלין אותו ומשליכין אותו לתוכה. בא לפניו מי שיש בידו שני סדרים או שלושה, אז הקדוש ברוך הוא אומר לו - בני, כל ההלכות למה זה לא שנית אותם, ואם אומר הקדוש ברוך הוא הניחוהו, מוטב, ואם לאו עושין לו כמידת הראשון. בא לפניו מי שיש בידו הלכות, הקדוש ברוך הוא אומר לו - בני, תורת כהנים למה זה לא שנית, שיש בה טומאה וטהרה, וטומאת שרצים וטהרת שרצים, טומאת נגעים וטהרת נגעים, טומאת נתקים ובתים וטהרת נתקים ובתים, טומאת זבים ולידה וטהרת זבים ולידה, טומאת מצורע וטהרתו, סדר ווידוי יום הכיפורים, וגזירות שוות, ודיני ערכים, וכל דין שדנו ישראל לא דנו אלא מתוכו. בא לפניו מי שיש בידו תורת כהנים, אומר לו הקדוש ברוך הוא - בני, חמישה חומשי תורה למה זה לא שנית, שיש בהם קריאת שמע, ותפילין, ומזוזה. בא לפניו מי שיש בידו חמישה חומשי תורה, אומר לו - בני, למה לא למדת הגדה, ולא שנית, שבשעה שחכם יושב ודורש, אני מוחל ומכפר עוונותיהם של ישראל, ולא עוד אלא בשעה שעונין אמן יהא שמיה רבה מברך, אפילו נחתם גזר דינם אני מוחל ומכפר להם עוונותיהם. בא לפניו מי שיש בידו הגדה, אומר לו הקדוש ברוך הוא - בני, תלמוד למה זה לא שנית, שנאמר - כל הנחלים הולכים אל הים והים איננו מלא, זה התלמוד, שיש בו חכמות הרבה. בא מי שיש בידו תלמוד, הקדוש ברוך הוא אומר לו - בני, הואיל ונתעסקת בתלמוד, **צפית במרכבה, צפית בגאוה,** שאין הנייה בעולמי, אלא בשעה שתלמידי חכמים יושבים ועוסקים בתורה, מציצין ומביטין ורואין והוגין המון התלמוד הזה - **כסא כבודי היאך הוא עומד. רגל הראשונה במה היא משמשת, שנייה במה היא משמשת, שלישית במה היא משמשת, רביעית במה היא משמשת, חשמל היאך הוא עומד, ובכמה פנים הוא מתהפך בשעה**

אחת, לאי זה רוח הוא משמש, הברק היאך הוא עומד, כמה פנים של זוהר נראין בין כתפיו, לאיזה רוח משמש, כרוב היאך הוא עומד, לאי זה רוח הוא משמש. גדולה מכולם עיון כיסא הכבוד, היאך הוא עומד, עגול הוא כמין מלבן, ומתוקן הוא, כמה גשרים יש בו, כמה הפסק בין גשר לגשר, וכשאני עובר באיזה גשר אני עובר, ובאי זה גשר האופנים עוברים, ובאיזה גשר הגלגלים עוברים. גדולה מכולם מצפורני ועד קודקודי, היאך אני עומד, כמה שיעור בפיסת ידי, וכמה שיעור אצבעות רגלי. גדולה מכולם כיסא כבודי, היאך הוא עומד, לאיזה רוח הוא משמש, באחד בשבת לאיזה רוח הוא משמש, בשני בשבת לאיזה רוח הוא משמש, בשלישי בשבת לאיזה רוח הוא משמש, ברביעי בשבת, בחמישי בשבת, בשישי בשבת לאיזה רוח משמשין, וכי לא זהו הדרי, זהו גדולתי, זהו הדר יופי, שבניי מכירין את כבודי במידה הזאת. ועליו אמר דוד - מה רבו מעשיך הוי"ה, כולם בחכמה עשית, מלאה הארץ קנינך. עד כאן לשון המדרש. ממדרש זה לומדים על חובת כל אחד ואחד מישראל את לימוד כל חלקי הפרד"ס, ובעיקר את בחינת הסוד שבתורה, הנקרא[8] מעשה מרכבה, ובמעשה בראשית. ומבאר הרב בית לחם יהודה על השינוי שיש בפסוקים במעמד הר סיני, בפסוק אחד כתוב - ויחן שם **ישראל** תחת ההר. ומספר פסוקים יותר מאוחר כתוב וירא **העם** וינועו מרחק. וידוע כי כאשר כתוב בתורה **ישראל**, מדובר **בבני ישראל**, וכאשר כתוב **העם**, מדובר על **הערב רב**. וז"ל הרב בית לחם יהודה - ובזוהר בהעלותך דף קנ"ב ע"א קרי להעוסקים בחכמת האמת, אינון דהוי קיימי בטורא דסיני. וז"ל - חכימין עבדי דמלכא עלאה אינון דקיימו בטורא דסיני, לא מסתכלי אלא בנשמתא, דאיהי עיקרא דכלא אורייתא ממש וכו'. ונראה בעיני אם מותר, משמע אותם שאינן יודעים סודות התורה לא עמדו על הר סיני, עד כאן לשונו. ונראה לי בביאור כי בתחילה כשיצאו ישראל לקראת האלהי"ם, היו מתייצבים בתחתית ההר, ואחר כך נאמר וירא העם וינועו ויעמדו מרחוק, כי היו יראים פן תאכלם האש הגדולה הזאת וימיתו. והיה מקצת מהעם שהיו ששים ושמחים לקראת השכינה, ולא רצו לזוז ממקומם הראשון, ולעמוד מרחוק, אפילו אם ימיתו ממש. ועליהם הוא מה שכתב בזוהר הנזכר - אינון דקיימו בטורא דסיני, כלומר ולא נעו ועמדו מרחוק, אלא עמדו בטורא דסיני מתחלה ועד סוף, ולכן הם זוכים לחכמת האמת. ואותם הנשמות אשר נעו עם העם ועמדו מרחוק, כן הם עושים גם עתה, שנסים ועומדים מרחוק לחכמת האמת מיראתם, פן תאכלם האש הגדולה הזאת. ולכן על כל אחד ואחד מבני ישראל הקדושים מחויב לעמוד תחת עץ החיים.

יראיך יראוני וישמחו כי לדברך יחלתי. בספר הזוהר הקדוש מבואר מדוע התפילות של בני ישראל לא בנעות, וז"ל תיקוני הזוהר תיקון מ"ג - **בראשית תמן את"ר יב"ש** במלת בראשית יש אותיות את"ר יב"ש, **ודא איהו ונהר יחרב ויבש** היסוד הנקרא נהר יחרב ויבש ממי השפע, ואין לו מה להשפיע למלכות, **בההוא זמנא דאיהו יבש** באותו הזמן שהיסוד הוא יבש, **ואיהי יבשה** המלכות הנקראת יבשה, היא יבשה כי לא מקבלת שפע מהיסוד, אז כאשר **צווחין בנין לתתא** מתפללים וצועקים בני ישראל, **ביחודא ואמרין** וביחוד שאומרים בני ישראל **שמע ישראל** שיבא ז"א הנקרא ישראל להתיחד עם נוקבא בשעת התפילה דעמידה, עם כל זאת **ואין קול** של התפילה או הקריאת שמע שעוזרים לזיווג דזו"ן **ואין עונה** ואין מי שיענה וימלא את הבקשות בתפילתם. **הדא הוא דכתיב** וזהו שכתוב - **אז בני ישראל יקראונני**

גמרא חגיגה די"א ע"ב

בני ישראל בעת צרתם בקריאת שמע ובתפילה, **ולא אענה** ואני לא אענה אותם בתפלתם, מפני שלא לומדים ומתעסקים בפנימיות התורה. **והכי מאן דגרים דאסתלק** וכל מי שגורם הסלקות פנימיות תורת הקבלה **וחכמתא מאורייתא דבעל פה ומאורייתא דבכתב** מהתורה שבעל פה והתורה שבכתב, **וגרים דלא ישתדלון בהון** וגורמים גם לאחרים שלא יתעסקו וילמדו את חכמת הקבלה, **ואמרין דלא אית אלא פשט באורייתא ובתלמודא** ואומרים שאין בתורה ובתלמוד אלא פשט התורה, בלי פנימיות הסוד, **בודאי כאלו הוא יסלק נביעו מההוא נהר** בודאי נחשב לו כאילו הוא מסתלק את נביעת שפע החכמה והבינה מן היסוד, **ומההוא גן** ומן הנוקבא הנקראת גן, **ווי ליה** לאותו יהודי **טב ליה דלא אתברי בעלמא** טוב לו שלא היה נברא, **ולא יוליף ההיא אורייתא דבכתב ואורייתא דבעל פה** ולא היה לומד תורה שבכתב ותורה שבעל פה, כי דינו כעם הארץ שלא למד כלל, ועוד **דאתחשב ליה כאלו אחזר עלמא לתהו ובהו** שנחשב לו כאילו החזיר את העולם לתהו ובהו, ר"ל לסוד שבירת הכלים לפי שמגביר הקליפות כאשר הנהר והגן יבשים, **וגרים עניותא בעלמא ואורך גלותא** וגורם עניות בעולם ומאריך את הגלות השכינה וביאת המשיח. עד כאן דברי הזוהר הקדוש. וכותב רב חיים ויטאל זלה"ה בהקדמה וז"ל - אמנם שעשועות של הקדוש ברוך הוא בתורה, והיותו בורא בה את העולמו, היתה בהיותו עוסק בתורה בבחינת הנשמה הפנימית שבה, הנקרא - רזי תורה, הנקרא מעשה מרכבה, **היא חכמת הקבלה** כנודע אל היודעים, וטעם הדבר הוא להיותו עולם האצילות העליון מאד, טוב ולא רע, דלא יכיל להתערבא עמיה קליפה, ועליה אתמר - וכבודי לאחר לא אתן, כנזכר בספר התיקונין דף ס"ו תיקון י"ח, וכן בספר הזוהר בפרשת בראשית דף כ"ח ע"א עיין שם. ולכן גם התורה אשר שם]**אח"י** - בעולם האצילות[איננה רק מופשטת מכל לבושי הגופנים, מה שאין כן למטה בעולם היצירה, עולם דמטטרו"ן, הנקרא עבד טוב, והוא הנקרא עץ הדעת טוב מסטרא, ומסטרא דסמא"ל שהוא קליפין דיליה, **נקרא עבד רע**, כי התורה אשר שם, הם שית סדרי משנה **הנקראים שפחה** כנזכר לעיל, וכנזכר בפרשת בראשית שם דף כ"ז ע"א. ולכן נקראת משנה, לפי ששם יש שינויים הפוכים **טוב מסטרא דעבד טוב**, היתר, כשר, טהור. **רע מסטרא דעבד רע**, איסור, טמא, פסול. גם הוא מלשון כי מרדכי היהודי משנה למלך, שהיה שפחה הנקרא עבד מלך, מלך גם נקרא מלשון שינה, כנזכר בפרשת פינחס דף רמ"ד ע"ב - קם זמנא תנינא ואמר, מארי מתניתין נשמתין ורוחין ונפשין דילכון אתערו כען ואעברו שינתא מניכון דאיהו, ודאי משנה אורח פשט, דהאי עלמא ואנא לא אתערנא בכו, אלא ברזין עילאין דעלמא דאתי דאתון בהון, לא ינום ולא יישן. וזה יובן במה שמבואר יותר למעלה שם - **ורבנן דמתניתין ואמוראי, כל תלמודא דלהון על רזין דאורייתא סדרו ליה**. ונמצא כי המשנה והש"ס הם הנקרא גופי תורה. והנה דבריהם כחלום בלי פתרון, **ורזיה וסתריה הפנימים הנקרא בנשמת התורה, הם הם פתרון החלום הנפתר בהקיץ**, בסוד - אני ישנה ולבי ער, וכמו[9] שאמרו חכמים ז"ל - **במחשכים הושיבני כמתי עולם, זה תלמוד בבלי**, אשר אינט מאיר אלא על ידי ספר הזוהר, **הם הם רזי תורה וסתריה** אשר עליהם נאמר - ותורה אור. ואין ספק כי כמו שהיצר נקראת עבד ושפחה בערך האצילות, ונקרא קליפין ולבושין דחול, כנזכר בהקדמת ספר התיקונין ד"ג ע"ב וז"ל - וביומי דחול לביש עשר כתות דמלאכיא דמשמשי לעשר ספירות דבריאה. ואם כן אין לתמוה כי התורה אשר שם שהיא המשנה, תהיה נקרא שפחה וקליפין דתורה דאצילות, וזה סוד כל הבשר חציר הנזכר

סנהדרין דכ"ד ע"א.

לעיל במאמר הראשון, כי כמו שהחטה שהיא בגימטריא כמנין כ"ב אותיות התורה, הגנוזה תוך כמה קליפין ולבושין שהם הסובין והמורסן והתבן והקש והעשב, הנקרא חציר, כן המשנה אצל סודות התורה נקרא חציר, וזה נרמז בספר הזוהר פרשת כי תצא ברעיא מהמנא דף רע"ה ע"ב - **אצל רבנן ווי לאינון דאכלין תבן דאורייתא, ולא ידעי בסתרי אורייתא, אלא קלין וחמורין דאורייתא, קלין אינון תבן דאורייתא, וחמורין אינון חטה דאורייתא, ח"ו ט ה' אלנא דטוב ורע וכו'.** ואלו באתי להרחיב דרוש זה לא יספיקו מאה קונטרסין בלי ספק בלי שום גוזמא, האמנם החכם עיניו בראשו כי דברי אמת אני אומר, ואל יתמה האדם בראותו ספר הזוהר איך קורא אל המשנה שפחה וקליפין, כי עסק המשנה כפי פשטיה, **אין ספק שהם לבושין וקליפין חיצונים בתכלית אצל סודות התורה הנגנזים,** ונרמזים בפנימיותה כי כל פשטיה הם בעלם הזה בדברים חומרים תחתונים..... על כן על כל בני ישראל לאכול מעץ החיים.

מה אהבתי תורתך כל היום היא שיחתי. ומבאר הרב ז"ל בהקדמה לשער המצות, כי עסק לימוד פנימיות התורה הוא חלק בלתי נפרד מתלמוד תורה, וז"ל - גם בענין עסק התורה שהיא אחת מרמ"ח מצות עשה, אם לא השלים אותה, **שהוא ענין עסקו בפרד"ס התורה,** שהוא ראשי תיבות **פשט רמז דרש סוד,** בכל בחינה מהם כפי אשר יוכל להשיג, **עד מקום שידו מגעת,** לטרוח ולעשות לו רב שילמדנו. ואם לא עשה כן, הרי חסר מצוה אחת של תלמוד תורה, שהיא גדולה ושקולה ככל המצות, וצריך **להתגלגל** עד שיטרח הארבעה בחינות של פרד"ס כנזכר. וכן מבאר הרב בית לחם יהודה בהקדמתו הקדושה, וז"ל - ומה מאד נמלצו [**אח**]**"י** - מלשון מליצה] בזה דברי הנביא ירמיה)סימן כ"ב(באומרו - אל תבכו למת וכו'. שהוא מדבר עם הציבור המתקבצים להספיד על איזה צדיק הנפטר רח"ל, על שנחסר צדיק אחד מהדור שהיה מנין בזכותו עליהם. וקאמר להו הנביא אל תבכו וכו', **לפי שרובם של צדיקים אינם זוכים לעסוק בכל ארבעה חלקי הפרד"ס, ואם כן מוכרחים הם לחזור ולבוא בגלגול כדי להשלים לימודם בארבעה חלקים,** כי אפילו הוא עסק בשלוש חלקי הפרד"ס, לא יצא ידי חובתו, ועליו נאמר הן כל אלה יפעל א"ל פעמים שלש עם גבר, להחזירו בגלגול. ואם כן הויא פסידא דהדרא. ואפשר שבו ביום שנפטר הוא חוזר ומתגלגל, כנזכר בזוהר ריש פרשת אמור, יעו"ש. ואם כן אין לכם פסידא כל כך. אמנם בכו בכו להלך, לאותו צדיק שכבר עסק בארבעה חלקי הפרד"ס. כי תיבת להלך היא חסר ו', ואם תחשוב תיבת להלך ארבעה פעמים עם ארבעה הכוללים, שהם כנגד ארבעה חלקי הפרד"ס, הם בגימטריא פרד"ס. **שזה הצדיק לא ישוב עוד וראה את ארץ מולדתו, כי על ארבעה לא אשיבנו.** שזהו פסידא דלא הדרא באמת, ונחסר לגמרי מן העולם הזה, עד כאן לשונו. ולכן חובה על כל אדם לעסוק בכל חלקי הפרד"ס, ובפרט בחלק הסוד, הנקרא פנימיות התורה, כמבואר בזוהר הקדוש כמובא בזוהר הקדוש פרשת נשא דף קכ"ד - **בהאי חבורא דילך דאיהו ספר הזוהר יפקון ביה מן גלותא ברחמי,** בזכות הלימוד בספר הזוהר הקדוש, יצאו בני ישראל מהגלות **ברחמים.** ועוד כל מי שחשקה נפשו ללמוד, אסור למנוע זאת ממנו, בסוד הפסוק[10] - אל תמנע טוב מבעליו, ועל כל אדם להיכנס לפרד"ס החיים.

אשרי האיש אשר לא הלך בעצת רשעים ובדרך חטאים לא עמד ובמושב לצים לא ישב. דע כי

משלי ג' כ"ז – אל תמנע טוב מבעליו בהיות לאל ידך לעשות.

יהיו הרבה אנשים רשעים, שינסו למנוע מבני ישראל הקדושים ללמוד בכללות תורה, ובפרט את תורת הקבלה, מכל מיני סיבות ומניעות, והשטן מדבר מגרונם של אלו הרשעים. ואלו דברי קודשו של בעל שבט מוסר רבינו אליהו הכהן האתמרי זצלה"ה - ובהביטך בן אדם מה שעבר על אחרים למה מה תרדוף אתה אחר כל אלה הדברים הזרים, להשביע נפש מרורים ולמוסרה ביד צרים המה המקטרגים הצוררים, ולמה לא תחמול על נפשך ועל נועם תבנית צלם גופך למוסרו בידן ולהשליכו בתוך גחלי רתמים בטיט היון של גיהנם, להשחירו ולהתיכו כאשר ניתך הזפת בפני האש, אשר על כן תן עצה בנפשך **לברור בדרך החיים בעסק התורה והמצות**, וגם להצטער עצמך זמן קצוב הם חיי עולם הזה, כדי שתתענג זמן רב בלתי סוף ותכלית, ואל יעלה על דעתך כאשר עלה בדעת הרבה שנאבדו בידם באומרם כיון שמכיר אני בעצמי שאין בדעתי להבין ולהשכיל, איני עוסק בתורה, טועה הוא בדבר, שהרי הוא מחוייב לעשות מה שנצטוה לעשות, ואם יבין יבין, ואם לא יבין, **שהרי והגית בו יומם ולילה כתיב** ולא כתיב ותבין בו, וכן תמצא בדברי התנא אם למדת תורה הרבה נותנין לך שכר הרבה, ואינו אומר אם הבנת הרבה, אלא למדת אמרו, ותשתדל להבין ואם תבין תבין, ואם לא שכר לימודך בידך, וכמאמר התנא לפום צערא אגרא, ומה גם שאמרו האדם אינו לומד מפני שאיני מבין, **הוא פיתוי היצר**, יתמיד בלימודו וסוף הבינה לבא, שבראות קדוש ברוך הוא **חשקו בתורתו ודבקותו בה, פותח לו מעייני החכמה**, דכתיב - כי הוי"ה יתן חכמה מפיו דעת ותבונה. והנני מוסר לך דבר אשר תרדוף אחריה, ויהיה חיים לנפשך וענקים לגרגרותיך, **לעולם יהיה עיקר לימודך בדבר של תורה שליבך חפץ יותר**, אם בגמרא גמרא, ואם בדרוש דרוש, ואם ברמז רמז, **ואם בקבלה קבלה**, ורמז לדבר כי אם בתורת הוי"ה חפצו, כלומר תורת הוי"ה תלויה בדבר שלבו חפץ לעסוק, וכמו שמבאר האר"י זלה"ה בספר דרושי הנשמות והגלגולים פרק שלישי, וז"ל - יש בני אדם שכל חפצם ועסקם בפשטי התורה, ויש שעסקם בדרוש, ויש ברמז, ויש גם כן בגימטריות, **ויש בדרך האמת**, הכל כפי מה שעליו נתגלגל בפעם ההוא, כיון שהשלים פעם אחרת בשאר העניינים, אין צורך לו שבכל גלגול יעסוק בכולם, עד כאן לשונו. **ואל תביט ותשגיח לדברי המתנגדים על מה שחשקת לעסוק בתורה** בגמרא או בפשט או בדרוש וכו', באומרם לך למה מה אתה מוציא כל ימיך בפרט זה של תורה ולא בפרט זה, משום שעל מה שחשקת ללמוד, על דבר זה זה באת לעולם, ואם תשים דעתך לדבריהם, יכריחוך להתגלגל בזה העולם פעם אחרת ולעבור נפשך בחרב חדה של מלאך המות ולטעום טעם מיתה, ולכן לא תשמע לדברי המשחית נפשך, **כי דע שהשטן מתלבש באלו האנשים לדאוג ולהצטער ולהכאיב נפש הלומד ועוסק בתורה**, בחלק שֶׁאָנְתָה נפשו לעסוק, כדי להבדילו משם שלא ישלים נפשו, על מה שבא להשלימה, ולהכריחו גלגולים אחרים, וכשם שחושק יותר האדם ללמוד, משם יבין שעל דבר זה נתגלגל להשלים, כך צריך האדם שידע שורש נשמתו ומהיכן נמשך ועל מה בא לתקן ולהשלים, כמו שאמר בזוהר שיר השירים על הגידה לי את שאהבה נפשי וכו'. **וכדי שיבין יראה באיזה מצוה תקיף יצרו יותר לבטלה יתחזק בה לקיימה, כי בוודאי על מצוה זו נתגלגל**, וכדי שלא ישלים חוקו מנגדו יצרו לבטלה להוציאו מן העולם בידיים ריקניות... ולכן לא תשמע לדברי רשעים אלו, אלא תשמע לדברי חיים.

חָבֵר אני לכל אשר יראוך ו לשמרי פקודיך. בסוף[11] עץ חיים מובא מספר כללים למהרח"ו,

---

ע"ח ח"ב דקי"ט ע"א.

וז"ל - להאר"י זלה"ה. הרמב"ן וחביריו ודברי ראשונים כמו רבי נחוניא בן הקנה לא הזכירו רק עשר ספירות, ולא גילו ענייני פרצוף כלל. **ודע שהרמב"ן והראשונים היו יודעים בפרצוף**, אלא שדברו בהעלם גדול, לרוב הגלות שלא ניתן רשות לגלות, ולהתפשט האורות הגדולים, מאחר שגברו הקליפות, וכל זר לא יאכל קדש. **אמנם בעקבות משיחא כמו בדורינו זה התחילו האורות להתפשט להיות כבראשונה**, כמו שהיה בזמן העולם מתוקן ולהתתקן מעט. ומתחלה היו האורות סתומים, והיה העולם מקולקל, וכל שנתקלקל נסתם בגלות, ולא היו משיגין אלא עשר ספירות בסתום, בסוד הנקודות, כל אחד כלול מעשר, ובענין הפרצופים לא נתגלה להם כלל, לפי שמצאו בדברי הראשונים סתומים, ולא ידעו עומק הדברים, וחשבו שכך הוא ודברו בעשר ספירות כל אחד כלול מעשר ובחינות הרבה, ולפי שראיתי מי שחולק על דברים אלו לאמור שלא מצינו אלא עשר ספירות, ומהיכן יש לשלוט כח לאמור כמה פרצופים שנמצא יותר מעשר ספירות, ומספר רב והלא הראשונים כתבו בספר יצירה - עשר ולא תשע, עשר ולא י"א, לזה באתי לפתוח לך כחודא דמחטא, אולי תזכה להבין מקצת, וכולו לא תשורנו עין, וזהו. ובהקדמתו[12] הקדושה כותב הרב ז"ל - והנה אין בכל דור ודור שלא נמצאו בו אנשים יחידי סגולה ששרתה עליהם רוח הקודש, והיה אליהו הנביא ז"ל נגלה עליהם, **ומלמד אותם סתרי החכמה הזאת**, וכמו שנמצא כתוב בספרי המקובלים, גם בעל ספר הרקנטי כתב בפרשת נשא בפרשת ברכת כהנים..... ואנשי לבב שמעו לי, אל יהרסו אל הוי"ה, **לראות בספרי האחרונים הבנויים על פי השכל האנושי**, ושומע לי ישכון בטח ושאנן מפחד רעה. ולכן אני הכותב הצעיר חיים וויטאל, רציתי לזכות את הרבים **בהעלם נמרץ והמשכילים יבינו**, וקראתי שם הזה החבור הזה על שמי **ספר עץ חיים**, וגם על שם החכמה הזאת העצומה, חכמת הזוהר, הנקרא עץ חיים, ולא עץ הדעת כנזכר לעיל, בעבור כי בחכמה הזאת טועמיה חיים זכו, וזכו לארצות החיים הנצחיים, **ומעץ החיים הזה ממנו תאכל, ואכל וחי לעולם**. ואשכילך ואורך דרך זו תלך דע מן היום אשר מורי זלה"ה החל לגלות זאת החכמה, **לא זזה ידי מתוך ידו אפילו רגע אחד**, וכל אשר תמצא באיזה קונטריסים על שמו ז"ל, ויהיה מנגד מה שכתבתי בספר הזה, **טעות גמור הוא, כי לא הבינו דבריו, ואם יש בהם איזה תוספות שאינו חולק עם ספרינו זה, אל תשית לבך בקבע אליו, כי שום אחד מהשומעים את דברי קדשו, לא ירדו לעומק דבריו וכוונתו, ולא הבינום**, בלי ֗שום ספק. ואם יעלה בדעתך לחשוב שתוכל לברור הטוב ולהניח הרע, אל בינתך אל תשען, כי אין הדברים האלו מסורים אל לב האדם כפי שכל אנושי, והסברא בהם סכנה עצומה, ויחשב בכלל קוצץ בנטיעות חס ושלום, לכן הזהרתיך ואל תסתכל בשום קונטרסים הנכתבים בשם מורי זלה"ה, זולתי במה שכתבנו לך בספר הזה, **ודי לך בהתראה זאת**, אלו הם דברי קודשו. ועלינו ללמוד אך ורק בתורת מורינו חיים.

אני קראתיך כי תעניני אל הט אזנך לי שמע אמרתי. עוד כתב הרב ז"ל בהקדמתו תנאים כדי לזכות לחכמה הקדושה הזאת, וז"ל - אני הכותב משביע בשמו הגדול יתברך, לכל מי שיפלו הקונרטסים אלו לידו, שיקרא הקדמה זאת, ואם אותה נפשו לבוא בחדרת החכמה זאת, יקבל עליו לגמור ולקיים כל מה שאכתוב ויעיד עליו יוצר בראשית, שלא יבוא אליו היזק בגופו ונפשו, ובכל אשר לו, ולא לאחרים. תחת רודפו טוב והבא לטהר ולקרב. **ראשית הכל יראת**

ע"ח ד"ד ע"ב.

הוי"ה, להשיג יראת העונש, כי יראת הרוממות, שהוא יראה הפנימית, לא ישיגוהו רק מתוך גדלות החכמה, ועיקר מגמתו בידיעה הזה יהיה לבער קוצים מן הכרם, כי לכן נקראים העוסקים בחכמה הזאת מחצדי חקלא. **ובודאי שיתעוררו הקליפות נגדו לפתותו ולהחטיאו, לכן יזהר שלא לבוא לידי חטא אפילו שוגג,** שלא יהיה להם שייכות בו, ולכן צריך ליזהר מהקלות, כי הקדוש ברוך הוא מדרדק עם הצדיקים כחוט השערה, לכן צריך לפרוש עצמו מבשר ויין כל ימות השבוע, **וצריך הזהרת סור מרע ועשה טוב,** ובקש שלום. בקש שלום צריך להיות רודף שלום, ולא להקפיד בביתו על דבר קטן וגדול, וכל שכן שלא יכעוס ח"ו.

וצריך להתרחק בתכלית הריחוק סור מרע.

א. ליזהר בכל דקדוקי מצות, ואפילו בדברי חכמים, שהם בכלל לא תסור.

ב. לתקן המעוות קודם שיבא לעולם הבא.

ג. יזהר מהכעס, אפילו בשעה שמוכיח את בניו, לא יכעוס כלל ועיקר.

ד. גם צריך ליזהר מהגאוה, ובפרט בענין הלכה, כי גדול כחה והגאוה, בזה עון פלילי.

ה. בכל צער שיבא לו, יפשפש במעשיו וישוב אל הוי"ה.

ו. גם יטבול בעת הצורך לו.

ז. גם יקדש את עצמו בתשמיש המטה שלא יהנה.

ח. שלא יעבור כל לילה ויחשוב בכל לילה מה שעשה ביום, ויתודה.

ט. גם ימעט בעסקיו ואם אין לו פרנסה כי אם על ידי משא ומתן, יכין יום שלישי ויום רביעי, מחצי היום ואילך, ובכוונה שהוא לעבודת קונו.

י. כל דבור שאינו של מצוה והכרחי, יהיה זהיר ממנו, ואפילו דבר מצוה ימנע בשעת התפלה.

ועשה טוב

א. לקום בחצי הלילה, ולעשות הסדר בשק ואפר ובכי גדול, ובכוונה כל אשר יוציא בשפתיו. ואחר כך יעסוק בתורה כל זמן שיוכל להיות בלי שינה, ובלבד שחצי שעה קודם עלות השחר יתעורר לעסוק בתורה.

ב. ילך לבית הכנסת קודם עלות השחר, קודם חיוב טלית ותפילין, להיזהר שיהיה מעשרה ראשונים.

ג. קודם שיכנס, ישים אל לבו מצות עשה ואהבת לרעך כמוך, ואחר כך יכנס.

ד. להשלים רמז צדיק בכל יום. שהוא צ' אמנים, ד' קדושות, י' קדישים, ק' ברכות.

ה. שלא להסיח דעתו מהתפילין בעת התפילה, זולת בעת העמידה ועסק התורה.

ו. צריך שיהיה עוסק בתורה, מעוטף בטלית ותפילין.

ז. לכוין בתפלה הכוונות, כמו שנבאר בע"ה.

ח. שישים תמיד נגד עיניו שם בן ארבעה אותיות הוי"ה, ויזדעזע ממנו, כמו שכתוב - שויתי הוי"ה לנגדי תמיד.

ט. שיכוין בכל הברכות, בפרט בברכת הנהנין.

י. צריך שיהיה עמל בתורה פרד"ס, שנאמר או יחזיק במעוזי, ואל יחשוב שיגלו לו רזי התורה בהיותו ריק, כדכתיב - יהב חכמתא לחכימין, וצריך ליזהר שלא יוציא בשפתיו בחכמה זו, מה שלא שמע מאדם שראוי לסמוך עליו, וכאזהרת רשב"י וחביריו. השגת החכמה תנאי הראשון, צריך למעט דבורו, ולשתוק, כל מה שיוכל כדי שלא להוציא שיחה בטילה, כמאמר רז"ל -

סייג לחכמה שתיקה. גם תנאי אחר, על כל דבר תורה שלא תבינהו, תבכה עליו כל מה שתוכל. גם עלית הנשמה בלילה לעולם העליון, שלא תשוט בהבלי העולם, תלוי שתישן בבכיה. ומרת עצבות מגונה עד מאוד, ובפרט להשיג חכמה, והשגה אין לך דבר מונע השגה יותר מזה. גם בענין השגת האדם, אין לך דבר שמועיל כמו הטהרה והטבילה, שיהיה האדם טהור, בכל עת ומורי זלה"ה עם היות שהיה לו חולי השבר שהקור מזיק לו, עם כל זה לא היה מונע מלטבול בכל עת, עד כאן דברי קודשו. ועלינו לקיים את בקשת הרב ז"ל את הבחינות של[13] סור מרע ועשה טוב, כדי לטפס בעץ החיים.

מרן הרש"ש מעיד[14] על עצמו, וז"ל - וראיתי מה שכתבו מעלת כבוד תורתם, על ענין עבודת הוי"ה שקצרתי במקום שהיה ראוי להרחיב מעט הדיבור, אמת הוא כי לכתחילה קצרתי בו, **יען ראיתי כמה מהנזק יצא ממה שכתבו בזה המקובלים שקדמו, כי רבים חללים הפילו, וחללול כבוד הוי"ה, וכבוד התורה.** הוי"ה יכפר בעדם, כי כל דבריהם לא על פי התורה הם, ואינם מיוסדים על האמת, ומהם יצאו אבות, ומאבות תולדות הריסת יסודי התורה ח"ו, הוי"ה יכפר. **וכל זה לא שלמדתי בדבריהם ח"ו,** אלא שפעם אחת הוכרחתי בעל כרחי לעיין בדף אחד שכתוב בו קצור מה שכתבו בענין זה, **וכמעט שקרעתי בגדי לראות דברים אשר לא כן על הוי"ה.** הוי"ה יכפר, וכבר מילתי אמורה להם, **כי עידי בשמים כי כל עסקי ולמודי, אינו רק בדברי האר"י זלה"ה, ותלמידו מהרח"ו ז"ל לבדם, ובלעדם אין לי עסק בשום ספר מספרי המקובלים ראשונים ואחרונים, ואפילו בדברי שאר תלמידי האר"י ז"ל לא למדתי, וכשיזדמן לפני דבר מדבריהם, אני מדלגו.** כי על כן איני כמזהיר, אלא כמזכיר, למען הוי"ה אל יהי לכם מגע יד בדבריהם, ובפרט בענין זה, השמרו לכם פן יפתה לבבכם, **אלא כל לימודם לא יהיה אלא בעץ חיים ובספר מבוא שערים ובשמונה שערים המפורסמים,** שכולם דברי אלהי"ם חיים. ואני קצרתי בענין זה כל מה שאפשר, כי יראתי פן יפלו דפים אלו ביד מי שעדיין לא למד דברי האר"י ז"ל כראוי, **ויחשידני שלמדתי בספרים אחרים, ולא כן הוא כאמור,** ולכן קצרתי בו, ופיזרתי בהקדמה, עד כאן דברי קודשו של מרן הרש"ש. ואנחנו תפילה שיתגלה משיח צדיקנו במהרה בימינו, ומלאה[15] הארץ דעה את הוי"ה כמים לים מכסים, דעת תורת החיים.

13
תהלים ל"ד ט"ו – סור מרע ועשה טוב בקש שלום ורדפהו.

14
נהר שלום דף ל"ד ע"א.

15
ישעיהו י"א ט' – לא ירעו ולא ישחיתו בכל הר קדשי כי מלאה הארץ דעה את הוי"ה כמים לים מכסים.

כתב רבינו גאון הקבלה רבי אליהו מני, רבו של הרי"ח הטוב, רבי יוסף חיים בעל הספר "בן איש חי", בספרו הקדוש **כסא אליהו** כי על הלומד ללמוד כל מאמר ומאמר ארבעה חמשה פעמים בלי המפרשים, וינסה להבין את המאמר בעצמו. ואחר כך ילך לראות אם כיוון לדעת המפרשים.

וכן אני הקטן מבקש בכל לשון של בקשה, ללמוד את הדרוש כמו שהוא מובא בספר עץ חיים, ארבעה חמישה פעמים, כדי לנסות להבין את הדרוש. וכל דרוש מובא בתחילת הספר במלואו.

אחר כך יכנס ללמוד את הדרוש עם ביאור הדברים, עוד ארבעה חמישה פעמים, ואחר כך יראה את המקורות להגהות, ודברי רבותינו הקדושים, עם התרשימים וטבלאות.

ואז יעלה ויצליח בלימוד תורת האר"י הח"י.

כתב רבינו **השד"ה** רבי שאול דוויק הכהן, בהקדמת ספרו איפה שלימה, על אוצרות חיים וז"ל - וכדי שיוכל לעלות לימודו למעלה, ריח ניחוח לה'. קודם כל לימוד ימסור עצמו על קדושת ה', כי זה מועיל מאוד, כמו שכתוב בשער הכוונות דף כ"ד ע"ב, כי עתה בזמנינו בעונותינו הרבים אין יכולת לעשות זווג כתיקונו למעלה, ולסיבה זו הקץ מתארך וכו'. אמנם עם כל זה יש קצת תיקון במה שנמסור נפשינו על קידוש ה' בכל הלב, כי על ידי כן אפילו אין בנו שום מעשים טובים, והרשענו עד להפליא. הנה על ידי מסירת נפשינו להריגה, מתכפרים עונותינו כולם, ויש בנו יכולת לעלות עד אימא עילאה, כמו שאמרו חז"ל - גדולה תשובה שמגעת עד כסא הכבוד, שנאמר - שובה ישראל עד ה' וכו', עד כאן דבריו.

וזה הסדר

יקבל עליו ארבע מיתות בית דין, מארבעה אותיות הוי"ה וארבעה אותיות אדנ"י, וליחדם על ידי ארבעה אותיות אהי"ה ועל ידי עסמ"ב

סקילה	י	**א**	וליחדם על ידי **א**	יוד ה' ויו ה'
שרפה	ה	**ד**	וליחדם על ידי ה	יוד ה' ואו ה'
הרג	ו	**ג**	וליחדם על ידי י	יוד ה'א ואו ה'א
וחנק	ה	**י**	וליחדם על ידי ה	יוד ה'ה וו ה'ה

לְשֵׁם יִחוּד
קֻדְשָׁא בְּרִיךְ הוּא וּשְׁכִינְתֵּהּ

יאההדונהי

בִּדְחִילוּ וּרְחִימוּ   וּרְחִימוּ וּדְחִילוּ

יאההויהה   איההיוהה

לְיַחֲדָא אוֹתִיּוֹת י"ה בְּו"ה, בְּיִחוּדָא שְׁלִים

יהו"ה

בְּשֵׁם כָּל יִשְׂרָאֵל, לַאֲקָמָא שְׁכִינְתָּא מֵעַפְרָא, הֲרֵינִי לוֹמֵד בַּסֵּפֶר
קַבָּלָה פְּלוֹנִי שֶׁהוּא כְּנֶגֶד תִּפְאֶרֶת דז"א בְּעוֹלַם הָאֲצִילוּת שֶׁבּוֹ
שָׁם מ"ה כָּזֶה יו"ד ה"ה וָא"ו ה"א לַעֲשׂוֹת מֶרְכָּבָה. וִיהִי רָצוֹן
מִלְּפָנֶיךָ ה' אֱלֹהֵינוּ וֵאלֹהֵי אֲבוֹתֵינוּ שֶׁתְּזַכֵּךְ רוּחֵנוּ וְנַפְשֵׁינוּ שֶׁיִּהְיוּ
רְאוּיִים לְעוֹרֵר מַיִין תַּתָּאִין עַל יְדֵי קְרִיאַת סֵפֶר הַקַּבָּלָה הַזֹּאת.
וִיהִי נֹעַם יְהוָה אֱלֹהֵינוּ עָלֵינוּ וּמַעֲשֵׂה יָדֵינוּ כּוֹנְנָה עָלֵינוּ וּמַעֲשֵׂה
יָדֵינוּ כּוֹנְנֵהוּ.

בָּרוּךְ ה' לְעוֹלָם אָמֵן וְאָמֵן, נֶצַח, סֶלָה, וָעֶד.

<u>שער ג' פרק א'</u>

ראשונה כל האח"ס ב"ה מקיף את כל העולמות וגם הוא מוקף מהם ומתלבש בתוכם עד סוף עולם האצילות ואינו נוגע ודבוק זולתי בעולם אצילות לבד ולא בבי"ע ולכן משם ולמטה ישתנה מהותם ויקראו בי"ע. אך בחי' המקיף דבוק ונוגע בכל הד' אבי"ע ותחלה מתהלשל ממנו באמצעותו א"ק הנזכר בתיקונ' תי' ע' דקל"ב. ובבחי' היותו שניות לאח"ס נק' אדם דבריאה עם שהוא קודם האצילות. גם נרמז אדם זה בפ' פקודי דרס"ח במאמר אר"ש מרימית ידי בצלותין לעילא כו' טי"ת היכלין כו' כולהו מיקרון א"ס עכ"ל. כי זה האדם כלול מי"ס וכולן נקרא אח"ס בערך עולם האצילות שלמטה הימנו. וזה האח"ק נחלק למלבפיס ולרבבות עולמות ותחלת התחלקותו הס ד' עולמות הנקרא רמיה שמיעה ריחא דיבור הנזכר בתיקונים תי' ע' דקכ"א. ומהס מתחלקיס עולמות לאין קן וכל אלו הבחי' נרמזו במאמר פקודי הנז"ל למבין. וזה האדם נרמז בקולו של יו"ד דשס הוי"ה כי הוא בחי' הכתר של כללות העולמות ואור אח"ס בכח התלבשותו בחכמה דאח"ק זה. האציל תחתיו עולם האצילות וז"ס כולם בחכמה עשית וחכמה הנז"ל נתהלבשה במלכות דאח"ק וזה המלכות ירדה ונתהלבשה בסוד ז"ת שלה תוך י"ס דעולם האצילות והיה זה כדי לקשר אח"ק בעולם האצילות ועד"ז בכל עולם ועולם כמ"ש בע"ה. וראש זו המלכות שהס ג"ר שבה נשארו במקומס. וז"ת שהם גופא דילה של ז' ימי ברלשיית הס נתהלבשו בי"ס דאצילות. וזה הבחי' נקרא עתיק יומין שהס ז' ימים העתיקן מן מלכות דאח"ק והז"ת נחלקים לי"ס כי ראשונה כלולה מג' ע"ד היכל ק"ק שכולל ג'. וזה העתיק נעשה נשמה לאח"א שהוא כתר דאצילות וגם הוא מתפשט בט"ס אחרות דאני' ואור אח"ס תוך (אח"ק דאח"ק) תוך העתיק ואח"א מלביש בז"ת לזה העתיק והו"ב דאצילו' מלבישים לאח"א הז"ת שלו לבדו (בהתפשטותהס בז"א) על דרך הנ"ל ונקראו או"א. וז"א הוא ו"ס דאצילות מלביש לאו"א את ז"ת שלהן וכל קצה הוא צורת ו' הס ו"ק ופ"ו גימ' אל"ה וז"ס מתהלבש הבינה הנקרא מ"י ונעשה אלהים מ"י בר"א אל"ה ונוקבא דז"א הוא המלכות דאצילות מלבשת להז"א ז"ת שלו בסוד נקבה תסובב גבר ובעת הזווג שוה היא אלזי פב"פ ודי בזה. הרי כשנעריך בדיעה יתירה נמצא היות כל קומת מלכות שיעור ספי' א' לבד בערך כללות כל עולם האצילות. וז"א יהיה ו"ק של כללות עם שהוא בעצמו י"ס. ואו"א גבוהיס ממנו וראש הכתר גבוה מעליהס. האמנס רגלי כולן שוין עד סוף האצילות רגלי עתיק ורגלי אח"א ורגלי או"א ורגלי זו"ן כולן שוין אכן יתפרדו ברלשהס זה למעלה מזה באופן כי יהיו כולם מלובשים זה מלבוש לזה וזה מלבוש לזה. והעתיק שהוא מל' דאח"ק ובתוכו חכמה דאח"ק בסוד ה' בחכמה יסד ארץ ובתוכו האח"ס עצמו. כל ג' אלו מתהלבשיס תוך האצילות וזה נרמז באהדרא האזינו דרפ"ח וז"ל כד מתתקן אפיק ע' נהורין לאהטיל מיניה מתיקונוי ואינון נהורין מיניה מנהרן ומתלהטן ואזלין ומתפשטיס לכל עיבר כבוצינא דמתפשטין מיניה נהורין לכל עיבר ואינון נהורין דמתפשטין כד יקרבון למנדע לון לא שכיח אלא בוצינא בלהודוי כך הוא ע"ק בוצינא עילאה סתימא דכל סתימין ולא אשתכחא בר מינון נהורין דאתהפשטן דמתגליין וטמירין ואינון איקרון שמא קדישא וכג"ד כלא חד. באופן כי אין ניכר מכל א' מהס כ"א הרלשיס אכן גופס מתלבשיס אלו תוך אלו ואינס ניכריס רק בחי' רלשיהס לכן יכנוס באהדרא האזינו בבחי' הרלשיס וד"ל.

והנה כל הי"ס דאצילות נחלקים לה"פ כח"ב זו"ן כ"א כלול מרמ"ח אברים והם בחי' ד' אותיות הוי"ה הכולל עולם אצילות לבדו ועם קוצו של י' הרי הם ה' פרצופים. אכן בערך ההוי"ה הכולל כל העולמות כנ"ל נמצא כי א"ק קוצו של י' וי"ס דאצילות הם יו"ד דהוי"ה הנרמזת בחכמה והוא אצילות כנודע ואח"ז נשלם חוט הא"ס בבחי' פנימיותו הנ"ל ואז נתעבה האור ונעשה שם מסך ודרך המסך ירדה שם המל' דאצילות ז"ת שבה והיתה ראש לשועלים לי"ס דבריאה וכ"ז אחר התעבותה והתלבשותה דרך מסך הנ"ל. גם הבינה דאצי' נתלבשה אור ז"ת שלה במל' דאצי' וירדה דרך המסך ונתלבשה בי"ס דבריאה. וז"ס בינה מקננא בכורסייא ואלו הז"ת דמלכות נתהוו לע"ס דבריאה וע"י דבריאה בא"א דבריאה וכו' על סדר הנ"ל באצילות. וגם הוא ה"פ דבריאה וכולם בחי' ה' דהוי"ה הכולל כל העולמות. ואח"כ נפרש מסך ב' וירדו ז"ת דמלכות דבריאה ובתוכם מתלבשת מור ו"ק דז"ת דאצי' ונתהווה בחי' ע"י דיצירה וז"ס ז"א מקנן ביצירה וזה העתיק מתלבש בא"א דיצירה כו' ע"ד הנז' דבריאה כנ"ל וגם הוא ה"פ דיצירה וכולם בחי' ו' דהוי"ה הכוללת כל העולמות. ואח"כ ירדו ז"ת דמלכות דיצירה ובתוכם מלכות לבדה דאצי' מתלבשת (נ"א היא לבדה מתלבשת) תוך א"א דעשיה וגם זה דרך מסך שבין יצירה לעשיה. וז"ס מלכות מקננא באופן ונקרא ע"י ומתלבשת תוך א"א דעשיה והכל ע"ד הנ"ל ע"י ביצירה וגם הם ה"פ וכולם בחי' ה' תחתונה דהוי"ה הכוללת כל העולמות.

שַׁעַר הַשְּׁלִישִׁי

מ"ב סדר אצילות בקיצור מופלג למוהרזז"ו

פֶּרֶק א'

דרוש זה מקורו מספר אדם ישר וצריך לכתוב מ"ב בראש הדרוש.

רִאשׁוֹנָה ומעלה על כולם **כל הָא"ס ב"ה, מַקִיף אֶת כָּל הָעוֹלָמוֹת** שהוא הא"ס הסובב, **וְגַם הוּא** בחינת היושר שבקע את החלל **מוּקָף מֵהֶם**[16] בסוד הקו.

[הגהה] **צמצם, הַיְינוּ** תחילה הא"ס סובב ומקיף את כל העולמות, כלומר הא"ס סובב ומקיף על העגולים, ואחר כך **הַקוּ הַיוֹשֵׁר הַנִמְשָׁר מִן הָא"ס לְתוֹךְ הָעִיגוּלִים** בבחינת אור פנימי אור דעגולים, וקו היושר בוקע את העגולים, ועליו מתלבשים עולמות ופרצופי היושר, שהם בחינת הרוח. ועגולים מקיפים את קו היושר אשר מתלבש בתוך עולמות ופרצופי היושר.

המשך הדרוש דמ"ב מספר אדם ישר.

וּמִתְלַבֵּשׁ בְּתוֹכָם בפרצופי היושר, **עַד**[17] **סוֹף עוֹלָם הָאֲצִילוּת**[18], **וְאֵינוֹ נוֹגֵעַ וְדָבוֹק זוּלָתִי בְּעוֹלָם אֲצִילוּת לְבַד**[19], **וְלֹא** מתפשט קו הא"ס **בבי"ע, וְלָכֵן** נפקא מינה מֵשָׁם

16

בספר אדם ישר הגירסא היא מוקף מהם **בסוד הקו.**

17

בית לחם יהודה ש"ג פ"א – עד סוף עולם האצילות. הנה מקום סיום האצילות הוא עד עגולי א"א מצד מטה, כי רגלי כולם שוים, מלבד רגלי א"ק שמתפשטין יותר למטה עד עגולי עתיק, כמבואר בענף ד' דשער א'. וג' עולמות בי"ע הם עומדים בעובי עשרה עגולי א"א מצד מטה, כמבואר בשער הקדמות דף י' ריש ע"ד, יעו"ש. נמצא כי קו הא"ס המסתיים באצילות אינו נכנס בבי"ע כלל, ורגלי א"ק הם נכנסין גם בבי"ע. ולפי זה קשה, והא מבואר בענף ד' דשער א', ובריש פ"א דשער מ"ג, כי קו הא"ס הוא מתפשט עד סיום רגלי א"ק. ואפשר לומר כי אעפ"י שהקו מסתיים באצילות מקרי מסתיים עד סיום רגלי א"ק. והענין הוא דכי היכי דא"ק הוא מלביש על הקו מכל הצדדים, הכי נמי מוכרח להלביש עליו גם מצד מטה מתחת סיום הקו, כי היכי דלא להוי פי הקו שמצד מטה מגולה בלתי התלבשות כלל. ואותו העובי לרגלי א"ק המחפין את הקו הוא בחינת התפשטות רגלי א"ק בתוך עובי עשרה עגולי א"א מצד מטה, אשר שם ג' עולמות בי"ע. וכענין זה מצאנו בבחינת החשמל שמלביש מתחת רגלי זו"ן, בסוד מנעל, כנזכר בפרק י"ג דשער מ"ב, ועי"ש בסוף ד"ה מכנגד נצח והוד וכו'. ועיין עוד בפרק ג' דנקודים ד"ה על דרך הנזכר וכו'.

18

הגהות ובאורים)ב(– עיין לעיל דרוש עיגולים ויושר ענף ד', ד"ה והנה דהקו נמשך עד התחלת קרקעית עגולי עתיק, שהוא כתר עולם האצילות וצריך עיון. אין מה להאריך יותר.
19

קו היושר נמשך ומתפשט מא"ס הסובב את החלל, ומתלבש בא"ק, מכתר דא"ק עד העקביים דא"ק, ובי"ע מלבישים מהעקביים ולמטה, עד סוף העקביים דא"ק. עולם האצילות מלביש את א"ק משליש תחתון דתפארת ונה"י דא"ק עד העקביים דא"ק, ועולם האצילות מסתיים בעגולי א"א מצד מטה, ועד מקום זה מתפשט **עצמות קו היושר**. והעקביים דא"ק מסתיימים בעגולי מלכות יומין דאצילות מצד התחתון, תוך עשרה עגולי א"א, ושם נמצאת **הארת קו היושר**. ובי"ע מלבישים על סוף העקביים דא"ק, מתחת לעולם האצילות, מקום שלא מתפשט עצמות קו הא"ס. יוצא שבי"ע מלבישים מהעקביים דא"ק ולמטה, ואין בתוכם עצמות אור הא"ס, כי קו הא"ס מסתיים בעקביים דא"ק, למעלה מבי"ע.

תרשים א – א.

לפי סוגיה זאת קו הא"ס מסתיים בסוף האצילות. אבל למדנו בע"ח ש"א ענף ד' כי קו היושר נמשך עד עגולי מלכות עתיק דעתיק יומין. ובע"ח ש"ב ענף ב' כותב הרב ז"ל כי בקו נמשך עד קרוב לסיום רגלי א"ק.

ע"ח ש"א ענף ד' די"ד ע"ב – והנה אחר שבאארנו דרושי העגולים והיושר בקצרה בסדר התלבשות כל העולמות צריכים אנו לבאר עתה עד היכן הגיע התפשטות רגלי א"ק)נ"א האדם(היושר שבכל עולם ועולם כאשר התחלנו לבאר ענין זה בתחילת ענף זה. והנה מוכרח הוא כי קו היושר יהיה דבוק ממש בא"ס הסובב וממנו מתפשט ויורד ומתלבש תוך פנימיות א"ק כנ"ל ונמשך ומתפשט עד סיום רגלי א"ק היושר כנ"ל שהוא ממש עד חצאי עיגולי עתיק יומין הסובבים תחת רגליו עד שם מסתיימין רגלי היושר דא"ק.

לכל המפרשים הרגישו בשתי השמעות האחת שאומרת כי קו הא"ס מסתיים רגלי א"ק מצד התחתון, וכאן הרב ז"ל כותב שקו הא"ס מסתיים באצילות, מתרץ את שתי השמעות, והביאו אותו רוב המפרשים כי כאשר הרב ז"ל כותב שקו הא"ס מגיע עד האצילות, מדובר על עצמות האור, וכאשר הרב ז"ל מדבר על הקו מגיע עד רגלי א"ק מדובר על הארת האור. ובמקום הארת אור הא"ס נמצאים בי"ע כדי להיות קשורים לשורש.

ע"ח ש"ב ענף ב' דטו"ו ע"ד – ואחר שיצאו י' עיגולי א"ק הזה, שהם בחי' נפש שבו, עוד נתגלו ויצאו בא"ק זה, י"ס שהם בחי' י' ס' אחרונות ביושר בציור אדם, בעל רמ"ח איברים, בראש, וזרועות, ושוקים, כו', והם בחי' רוח שבו והוא, נמשך ונתפשט ביושר מלמעלה למטה, מראש גג העליון של עיגול עליון, שבכל י' עיגולים, עד קרוב אל סיום תחתית י' עיגולים אלו שלו.

רוב המפרשים תרצו קושיה זאת לפי תו"ח שמחלק בין עצמות להארה

שמן ששון על ע"ח ש"ג פ"א ש"ג ד"ה ע"ג – שם מתלבש בתוכם עד סוף עולם האצילות וכו', ולא בבי"ע כ'. עיין שער התיקון פ"ג, ואין תימה, דלקמן בפ"ג כתב דעקבים דא"ק מתלבשים בי"ס דעשיה, נמצא דמגיע עד הקשיה. וכן לעיל בשער העיגולים פ"ד, כתב דרגלי א"ק נתפשטו עד חצי עגולי ע"י מצד מטה, נמצא דנוקב ועובר כל ד' עולמות אבי"ע, עד עגולי ע"י. גיש לומר כמו שכתב בספר אור זרוע, והרב חסדי דוד באות ד', דעד חצי האצילות היה הא"ס בבחינת **עצמותו**, אבל משם ולמטה נמשך **הארתו ולא עצמותו**, וכל זה לפי פשט.)ויש מקשים כאן, דהלא רגלי א"ק הם בעגולי ע"י מצד מטה, קרוב אל א"ס הסובב(הענין. ובפנימיות ענין זה כתבתי בארוכה לעיל שער א' ענף ד' באות כ"ו, ומשם תבין היטב, ועיין תו"ח דף קמ"ט ע"ב, ונהר שלום דק"ו ע"א.

הרש"ש מסביר סוגיה זאת בצורה יותר מורכבת, לפי סוגית תיקון העולמות בפנימיות וחיצוניות, שנקרא בלשון הזהר "עובדא ומילולא", לדוגמה)הדוגמה היא באופן כללי כאשר יש פרטים, ופרטי פרטים בתיקוני התפילה(תפילת שחרית בנויה מתיקון כל אבי"ע של אותו יום בחיצוניות ופנימיות, כאשר חיצוניות עולם העשיה נתקן על ידי יפנה ויטול ידיו, ופנימיות עולם העשיה על ידי הקורבנות. חיצוניות עולם היצירה נתקן על ידי הטלית, ופנימיות עולם היצירה על ידי זמירות. חיצוניות עולם הבריאה נתקן על ידי תפילין של יד, ופנימיות עולם הבריאה על ידי קריאת שמע. חיצוניות עולם האצילות נתקן על ידי תפילין של ראש, ופנימיות עולם האצילות על ידי תפילת שמונה עשרה. יוצא שכל מעשה שאדם עושה הוא מתקן את חיצוניות העולמות, ואם הוא משתף איתו את כח הדיבור הוא מתקן את פנימיות העולמות. לפי זה יש מחצב של חיצוניות ומחצב דפנימיות.

ולמטה ישתנה מהותם, ויקראו בי"ע ולא אצילות, ובי"ע נקראים עולמות הפירוד[20], ותכלית עבודת ה' היא לברר בירורים מבי"ע ולעלותם לאצילות, על ידי כל לימוד התורה, מצוות, וגמילות חסדים. והזמן

כותב הרש"ש כי כאשר הרב חיים ויטאל ז"ל כותב כי קו הא"ס, וא"ק, ואצילות מסתיימים השווה, מדובר על חיצוניות העולמות, ובחיצוניות העולמות יש חילוק בין אצילות לבי"ע, כאשר בי"ע נקרא עולם הפרוד. אבל ביחס לחיצוניות, פנימיות גם עולם העשיה הוא אלהות גמור, וכל שכן עולמות היצירה והבריאה, ובפנימיות העולמות אין חילוק)הלכה למעשה יש חילוק בין אצילות לבי"ע, ואפשר לראות את ההבדל בין עולם האצילות לבי"ע בשמות הקודש(בין אצילות לבי"ע.

נהר שלום די"א ע"ד - והנה בתיקון העולמות נכללו ונתקשרו כל העולמות זה בזה באופן כי א"ק וא"בי דא"ק נעשו א"ק לכל העולמות כי א"ק שבו נשאר בבחינת א"ק הפנימי שבו, והאצילות שבו נעשו א"ק לאבי"ע דאצילות, ובריאה שבו נעשה א"ק לאבי"ע דבריאה, ויצירה שבו נעשה א"ק לאבי"ע דיצירה, ועשיה שבו נעשה א"ק לאבי"ע דעשיה. באופן כי מה שהיה אבי"ע דא"ק מתפשט באורך נעשה בעובי. וכן עד"ז א"ק ואבי"ע דאצילות, נעשה אצילות לאבי"ע דא"ק ואבי"ע. וכן א"ק ואבי"ע דבריאה, נעשה בריאה לכולם בעובי. וכן א"ק ואבי"ע דיצירה, נעשה יצירה לכולם בעובי. וכן א"ק ואבי"ע דעשיה, נעשה עשיה לכולם בעובי. כמבואר כל זה באורך בהקדמה ע"ש. באופן כי א"ק ואבי"ע דא"ק המתפשט עתה באורך שהוא הא"ק ואבי"ע הפנימי, המלביש לקו האור של הא"ס, כל פרטי בחינותיו נעשו מא"ק דכל הה' עולמות, כי הא"ק שבו הוא הא"ק שהיה בו תחלה, ותחתיו האצילות שבו שנעשה מא"ק דאבי"ע דאצילות, ותחתיו בריאה שבו שנעשה מא"ק דאבי"ע דבריאה, ותחתיו יצירה שבו שנעשה מא"ק דאבי"ע דיצירה, ותחתיו עשיה שבו שנעשה מא"ק דאבי"ע דעשיה. ועל הא"ק ואבי"ע הזה דא"ק מלבישים א"ק ואבי"ע דאצילות, **שוה בשוה** אשר כל בחינותיו נעשו מאצילות דכל החמשה עולמות, כי א"ק שבו נעשה מהאצילות דאבי"ע דא"ק, ותחתיו אצילות שבו שנעשה מאצילות דאבי"ע שבו, ותחתיו בריאה שבו הנעשה מאצילות דאבי"ע דבריאה, ותחתיו יצירה שבו, ותחתיו עשיה שבו שנעשו מאצילות דאבי"ע דיצירה, ועשיה, ואבי"ע דבריאה הנעשה מבריאה דכל החמשה עולמות, ועליהם מלבישים א"ק, ואבי"ע דיצירה, ועליהם מלבישי' א"ק ואבי"ע דעשיה, הנעשים מיצירה ועשיה דכל החמשה עולמות, ע"ד הנז"ל. וכן הוא בפרטי פרטות כי הה' בחינות הנזכרים שהם שורש, ונשמה, וגוף, ולבוש, והיכל, הוא בכל י"ס דכל פרטי פרצופי א"ק, וכן הוא בפרטי פרצופי האצילות,)המלבישים לא"ק מטיבורא דיליה ולתתא(. ואח"ך כל פרטי פרצופי האצילות, המשיכו אור מכל פרטי בחינותיהם הנמצאות באצילות, ודרך המסך שהוא קרקע היכל האצילות המשיכו אורם ע"י המלכות דמלכות דאצילות, שהיא עתיק דבריאה, והחתימו חותמם דאצילות בבריאה, שורש משורש, ונשמה מנשמה, וגוף מגוף, ולבוש מלבוש, והיכל מהיכל. וכיון שהוא חותם דאצילות צריך שיהיו בו כל הבחינות שיש באצילות כולם, וכן עד"ז מבריאה ליצירה, שנמשכו ונחתמו בו כל פרטי פרצופי הבריאה, שנמשכו בו מן האצילות, וכן עד"ז מיצירה לעשיה, שנמשכו ונחתמו בו כל פרטי פרצופי היצירה, שנמשכו בו מן הבריאה, הנמשכים בו מן האצילות. באופן שכל העולמות דא"ק ואבי"ע שוים במציאותם, וכל מה שיש בזה יש בזה, **ואין חילוק ביניהם אלא במהות האור לבד**. וכן כתב בשער השמות פרק א', כי מכח הי"ס דאצילות הנחלקים לה' פרצופים א"א, ואו"א, וזו"ן, והם נחלקים לי"ב פרצופים כנודע, הנה מכחם והארתם החזקה יצאו תחתיהם הי"ס דבריאה הנחלקים לה' פרצופים כוללים, ולי"ב פרצופים פרטיים, כי הם חותם הי"ס דאצילות דוגמתם ממש בכל פרטיהם. ע"ד הנזכר באצילות ממש, רק שאלו הם חותם אותם דאצילות. וכן אח"כ מכח הי"ס דבריאה יצאו תחתיהם הי"ס דיצירה דוגמת הי"ס דבריאה ממש, בכל פרטיהם. ואח"כ מכח הי"ס דיצירה יצאו תחתיהם הי"ס דעשיה, ע"ד הנז"ל בי"ס דיצירה בכל פרטיהם. וכתב שם כי כל אלו הספירות **מתחילת הי"ס דאצילות עד סוף הי"ס דעשיה כולם אלהות ואחדות גמור**. הרי מבואר גם מזה כי כל העולמות דא"ק ואבי"ע שוים במציאותם, ואי חילוק והפרש ביניהם כלל, וכל פרטי אורות וכלים דכל פרטי פרצופי האצילות, כולם נמצאים בבריאה, וכן ביצירה, וכן בעשיה, **ואין חילוק ביניהם רק במהות האור** אמנם כולם **אלהות ואחדות גמור** כנז"ל.

[20]

ח"ו לעלות על הדעת כי עולם האצילות נאצל, שפרושו נמשך ויוצא, אלא כל העולמות מהעולמות שמעל עולמות א"ק עד העולם הגשמי שלנו כולם הם בחינת **יש מאין**, ההבדל בין אצילות לבי"ע הוא, אצילות הוא מלשון המשכה, הפרשה, כלומר כביכול האצילות מחובר לא"ס, מלשון אצלו. לעומת זה בריאה היא יש מאין,

שהמאציל קצב לגמר הברור הוא שש אלף שנים, ובכל יום מבררים ברורים השייכים לאותו היום. **אַךְ בְּזֶה'** הַמֻּקִּיף[21] דָּבוּק וְנוֹגֵעַ בְּכָל הַד' אבי"ע[22], וְתִזְדַּלֵּה מִשְׁתַּלְשֵׁל מִמֶּנּוּ בָּאֶמְצָעַתוּ

שהוא דבר חדש)כמובן כל העולמות ובכללם האצילות הם נבראים **יש מאין**, אבל כדי להמחיש את הקירבה של האצילות לא"ס ביחס לבי"ע אנו משתמשים במוסגים אלו(, יצירה היא יותר גשמית כמו שכתוב - כחומר ביד היוצר. בעולם היצירה זה **יש מיש**. עשיה הוא **יש גמור**.
אצילות – **אצלו**.
בריאה – **יש מאין.**
יצירה – **יש מיש.**
עשיה – **יש גמור.**
ירמיהו י"ח ו' – הכיוצר הזה לא אוכל לעשות לכם בית ישראל נאום הוי"ה, הנה כחומר ביד היוצר, כן אתם בידי בית ישראל.

ע"ח ח"ב שמ"ז פ"ב דק"ו ע"א - ואמנם כבר ידעת כי י"ס דאצילות נתחלקו לה' בחינות, שהם א"א, או"א, זו"ן, וכולם כללות אדם אחד, וכל אלו הם מתנענעים ע"י מחשבה אחד, כדרך כל איברי האדם שמתנענעים ע"י מחשבתו, ואין צריך שום אבר מאיברי האדם שיצוה לו, ולדבר לו, שיעשה אותו מעשה הנוגע לו, המשל בזה כשירצה אדם לילך לאיזה מקום שידבר הוא לרגליו שילכו, כי בעלות הדבר במחשבתו הולכין הרגלים עצמן, וכן בשאר פעולות איברים. גם נדקדק הענין בדקות יותר כי הלא המחשבה עם הפעולה באים ביחד, כי כשאדם אוכל אין צריך שתתחלה יחשוב איך ילעוס המאכל בשיניו, או איך יגביה רגליו לילך, ואח"כ יאכל וילך, כי המחשבה מתפשט באיברים עצמן, ואז באים המחשבה והמעשה ביחד, וזהו פשוט. ולכן עולם אצילות נקרא מחשבה, לפי שא"ס הוא וגרמוהי וחיוהי חד בהון, כי המחשבה מתפשט תוך האצילות ממש, ואז המעשה והמחשבה שבאאצילות הכל דבר אחד, ברגע אחד, בלתי שיקדים זה לזה, וזהו איהו וגרמוי חד בהון, כי הוא עמהון ביחד, ואין הוא הנקרא מחשבה מקדים למעשה, כי הכל בא כאחד. אבל הבריאה אינו כמו האדם עם מחשבתו עצמו, רק כב' אנשים, וכמלך עם עבדיו, שכאשר ירצה המלך שיעשו עבדיו פעולותיו שהוא רוצה, לא יספיק במה שיתפשט מחשבתו תוך עבדיו, רק צריך שידבר הוא עצמו ודבור. זה הוא סוד הכאת הארת האצילות במסך דבריאה, ובתוך הכאת הכלים דאצילות שם הוא סוד הפה.

ע"ח ח"ב שמ"ב פי"ג דצ"ב ע"ג - ונמצא כי האצילות אור העצמות הוא שם, אבל הבריאה הוא אור הבא ע"י מסך, אלא שהוא מסך קרוב, כי בינה העליונה נעשה מסך עליה, וע"י מקבלת האור שלה, אמנם היצירה אינה מקבלת האור שלה מבריאה רק ע"י מסך וריחוק, ואע"פ שיש לה מסך אחר המסך העומד בין אצילות לבריאה, עם כל זה אין אנו מונין אלא המסך המתחדש אליו בין בריאה ליצירה, וכן על דרך זה בעשיה, אינו נמנה רק המסך החדש שבין היצירה אליו, כי הוא לבדו הנתוסף בה. והנה ענין מסך וריחוק זה הוא, כי הנה הבריאה היתה מקבלת ע"י מסך בינה דאצילות, אבל היצירה מקבלת מן מסך חדש דבריאה, כי הת"ת דבריאה הוא מקיף ומלביש אל המלכות דבריאה מכל צדדיה, ואפילו מתחת רגלם, ונעשה שם רקיע ומסך אחד מפסיק ביניהן, ודרך המסך הזה דת"ת דבריאה יורד האור דבריאה אל היצירה, וז"ש בתקונים הת"ת מקננא במט"ט, וכן אמרו שם שית סטרין מקננא ביצירה, והנה מהראוי הוא שכמו שלא נתרחק האצילות מבריאה רק מבינה, כך מהראוי שיתרחק היצירה מבריאה ויקבל לה מבריאה דרך מסך בינה דבריאה, וטעם הדבר שמעתי ושכחתי, והרי נתבאר כי יש ביצירה מסך וריחוק. והנה העשיה אינה מקבלת מיצירה אלא על ידי מסך וריחוק ומיעוט, והענין כי מלכות דיצירה עשה מסך תחתיה, כדי שלא ירד אור אור עצמותה אל העשיה אלא דרך מסך מלבוש החיצון אשר לה, ודרך המסך ההוא עובר האור מיצירה אל העשיה, וז"ש בתקונים מלכות מקננא באופן, שהוא עשיה, עולם האופנים, והרי שיש מסך וריחוק.

[21]

הגהות ובאורים)ג(– אך בבחינת המקיף וכו', מצאתי כתוב בכתב יד, ר"ל בבחינת הא"ס אשר נכנס תוך העיגולים, בבחינה זו נוגע הא"ס גם בבי"ע.
בית לחם יהודה ש"ג פ"א - אך בבחינת המקיף וכו'. הכוונה על הארת א"ס המאירה בתוך הצמצום, שהיא מאירה דבוקה בכל אבי"ע, כמ"ש בענף ב' דשער א', וז"ל - כי בהיות הנאצלים בדמות עגולים וכו', האור

אָ"ק הַנִּזְכָּר בְּתִיקוּנִים, תִּיקוּן ע' דְּקְל"ב צ"ל קל"ג ע"א[23]. וּבְבִזּוּי הָיוּתוּ שָׁנִיוּת
לֹא"ס[24], נֹק' אָדָם דִּבְרִיאָה עָם שֶׁהוּא קוֹדֶם אָצִילוּת[25]. גַּם נֹרמַז אָדָם זֶה
אָ"ק, בְּפָרָשַׁת פְּקוּדֵי דְּרַס"ז ע"ב[26], בְּמַאֲמַר אָר"שׁ אמר רבי שמעון, אֲרִימִית יְדִי

והשפע יקבלום מא"ס מכל צדדיהם בשקול אחד וכו', ולפי שעולמות בי"ע עומדים בעובי עשרה עגולי
א"א, לזה גם להם מגיע הארה מאור המקיף.
22

הגהות ובאורים)ד(– אבי"ע. פירוש כמ"ש לעיל בשער א' פרק א', דא"ק ממלא בעיגול ויושר שלו כל מקום
החלל והאויר, וממנו יצאו. נמצא בזה דבחינת המקיף דיושר דא"ק, הוא המקיף הדבוק והנוגע בכל ד' עולמות
אבי"ע, ואין דבר חוצה לו. שמן ששון.
23

תקוני הזהר, תיקון ע' דקל"ג ע"א וזה לשונו בתרגום והסבר – **אשכחנא במתניתין** מצאתי בסודות של
הברייתות בעוסקות **ברזא דשרטוטין וציורין וגוונין** בסודות של שרטוטי המצח והפנים, ציורי סימני הגוף,
וגווני העין, **בסתרא דרזין טמירא דטמירין** בסתרי הסודות הטמונים שבמטמונים, כלומר בתוך עתיק וא"א
שבעולם האצילות טמון א"ק, **דאדם דבריאה** שהוא הפרצוף הראשון ביחס לקו הא"ס שנקרא בערכו אצילות,
א"ק נקרא בריאה, **דאיהו קדמון** שהוא קדמון לעולמות אצילות ובריאה, **לכל קדומים** שהם)אצילות ובריאה(
קודמים לזו"ן.
24

הגהות ובאורים)ה(– נ"ב דהיינו לקו היושר המתפשט.
בית לחם יהודה ש"ג פ"א - ובבחינת היותו ב' לא"ס. ר"ל שני לקו א"ס, וכמ"ש בדברינו בריש פ"ג
שבסמוך.
25

כל זה ביחס לקו היושר, א"ק נקרא אדם דבריאה, והא"ס נקרא אצילות. כל מה שנמצא בחלל הוא נברא, **יש
מאין**. לכן גם א"ק עם כל זכותו הוא נברא. ונקרא אדם קדמון, כי הוא קדמון לכל העולמות שנבראו אחריו.
והא"ס מחייה את א"ק וכל העולמות כולם, דרך קו היושר אשר מתפשט בעולמות.
במקומות הרבה הרב ז"ל קורא לא"ק א"ס, כי א"ק נקרא א"ס ביחס ובערך לעולמות שמתחתיו. כמו שהרב
ז"ל כותב לקמן בפרק זה, כי זה האדם כלול מי"ס, וכולן נקרא א"ס בערך עולם האצילות שלמטה הימנו.
26

זהר פקודי דרס"ח ע"ב וזה לשונו בתרגום והסבר –)מאמר זה עמוק, עמוק, ויש פרטים ומוסגים שהרב ז"ל
ידרוש אותם בשערים הבאים של ע"ח(**אמר רבי שמעון, ארימית ידי בצלותין לעילא** הרימותי ידי למעלה
בתפילה, רשב"י התפלל שגלוי הסודות יהיה מקובל לפני הקדוש ברוך הוא, **דכר רעותא עלאה לעילא**
שכאשר הרצון העליון למעלה למעלה, שהוא רצון הא"ס שהוא למעלה מא"ק, **קיימא על ההוא רעותא
דלא אתידע ולא אתפס כלל לעלמין** הוא עומד על אותו רצון שלא נודע ולא נתפס כלל לעולם, כלומר הא"ס
ב"ה האציל את א"ק הנקרא ג"כ רצון שלא נודע, ושלא מוסג, ולא נתפס, אפילו ע"י עתיק, וכל שכן ע"י
הפרצופים היותר תחתונים, **רישא דסתים יתיר לעילא** א"ק הוא ראש של כל האצילות, **וההוא רישא אפיק
מאי דאפיק ולא ידיע** וא"ק הוציא והאציל מה שהאציל, ולא נודע מהו, כלומר א"ק את רדל"א שהם ג"ר
דעתיק, שהם כלומר הרדל"א לא מושגות לתחתונים **ונהיר מאי דנהיר** א"ק האיר מה שהשאיר, והאציל את
א"א, **וכלא בסתימו** א"ק, עתיק, וא"א כולם סתומים לעולמות והפרצופים היותר תחתונים מהם. **רעו
דמחשבה עלאה אבתריא ולאתנהרא מניה** רצון המחשבה העליונה של הרדל"א דעתיק לרדוף אחרי א"ק כדי
לקבל הארה ממנו, והדרך שקבל עתיק הארה מא"ק היא שכאשר הרצון העליון למעלה למעלה, **חד פריסו
אתפרס** נפרס מסך באמצע גופו של א"ק, ומתחת המסך הזה מתחיל הרדל"א דעתיק, **ומגו ההוא פריסא**
ומתוך המסך הזה של א"ק, **ברדיפו דההיא מחשבה עלאה** על ידי רדיפת המחשבה דרדל"א שרוצה להשיג
ולקבל הארה מא"ק, **מטי ולא מטי עד ההיא פריסא** מגיע ולא מגיע עד אותו מסך, כי הרדל"א עולה לקבל
הארה מא"ק, אבל באמת לא מגיע עד המסך, **נהיר מה דנהיר** האיר מה שהשאיר, כלומר עתיק קיבל הארה
מועטת כפי כמה שהוא ראוי, **וכדין ההוא מחשבה עלאה** ואז קבלה המחשבה העליונה של עתיק האיר הארה

בְּצִלּוּתִין לְעֵילָא הֲרִימוּתִי יְדֵי לְמַעֲלָה בַּתְּפִלָּה **כו', טי"ת הֵיכְלִין** תִּשְׁעָה הֵיכָלוֹת **כו', כּוּלְּהוּ אִיקְרוּן** וְכוּלָּם נִקְרָאִים **א"ס, עכ"ל.** כִּי זֶה הָאָדָם שֶׁהוּא א"ק **כָּלוּל מִי"ס**, וְכוּלָּן נִקְרָא צ"ל נִקְרָאִים **א"ס, בְּעֶרֶךְ עוֹלָם הָאֲצִילוּת שֶׁלְּמַטָה הֵימֶנוּ.[27] וְזֶה הָא"ק נֶחֱלַק** לַאֲלָפִים וּלְרִבְבוֹת עוֹלָמוֹת, וְהִשְׁתַּלְשְׁלוּת הִתְחַלְקוּתוֹ בְּאוֹפֶן כְּלָלִי **הֵם ד' עוֹלָמוֹת הַנִּקְרָא** צ"ל הַנִּקְרָאִים **רְאִיָּה, שְׁמִיעָה, רֵיחָא, דִּיבּוּר,[28] הַנִּזְכָּר בַּתִּיקוּנִים, תִּיקוּן ע' דְּקכ"א** צ"ל דקכ"ב ע"א.[29] **וּמֵהֶם מִתְחַלְקִים עוֹלָמוֹת לְאֵין קֵץ, וְכָל אֵלּוּ**

מוֹעֶטֶת מא"ק, **נְהִיר בִּנְהִירוּ סְתִים דְּלָא יָדִיעַ** הָיָה הֶעָתִיק מֵאִיר בְּנוֹק' דַּעְתִּיק בָּאוֹר סָתוּם שֶׁאָנוּ יָדוֹעַ עַל יְדֵי הֶאָרַת הַיְסוֹד וְהָעֲטָרָה דא"ק הַסְּתוּמִים בְּתוֹךְ הֶעָתִיק, וְלֹא נוֹדַע גּוֹדֶל הֶאָרַת הָא"ק בְּעָתִיק, **וְהַאי מַחֲשָׁבָה לֹא יָדִיעַ** וְהַמַּחֲשָׁבָה שֶׁל עַתִּיק עַצְמָה לֹא יוֹדַעַת וְלֹא מַשֶּׂגֶת אֶת גּוֹדֶל הָאוֹר שֶׁל הַיְסוֹד וְהָעֲטָרָה דא"ק, **כְּדֵין בָּטַשׁ הַאי נְהִירוּ דְמַחֲשָׁבָה דְּלָא אִתְיָדַע** אַחֲרֵי תִּיקוּן עַתִּיק וְנוֹק' דַּעְתִּיק, אָז הִכָּה אוֹר הַהוּא שֶׁל א"א שֶׁנִּתַקֵּן מֵהֶאָרַת הָרַדְל"א דַּעְתִּיק שֶׁהִיא סוֹד הַמַּחֲשָׁבָה שֶׁלֹּא נוֹדַעַת מֵהוּתָהּ, **בִּנְהִירוּ דִּפְרִיסָא דְּקַיְימָא** (כְּמוֹ לֹא"ק מָסָךְ בְּאֶמְצַע גּוּפוֹ כָּךְ לְעָתִיק וּלְכָל שְׁאָר הַפַּרְצוּפִים) קִיבֵּל א"א הֶאָרָה גְּדוֹלָה מֵרַדְל"א דַּעְתִּיק, וְנִתַקֵּן מוֹחָא סְתִימָאָה שֶׁל א"א, **וּכְדֵין דָּא נְהִירוּ דְמַחֲשָׁבָה דְּלָא אִתְיָדַע** וְאָז אוֹר א"א נִתַקֵּן מֵהֶאָרַת הָרַדְל"א שֶׁנִּקְרָא מַחֲשָׁבָה שֶׁלֹּא נוֹדַעַת מֵהוּתָהּ, **בָּטַשׁ בִּנְהִירוּ דִּפְרִיסָא** הִכָּה בְּהֶאָרַת הַמָּסָךְ שֶׁעוֹמֵד בְּאֶמְצַע גּוּף עַתִּיק, **וְנָהִיר כְּחַד** הֵאִירוּ פַּרְצוּפֵי עַתִּיק וא"א בְּיַחַד, כִּי ז"ת דְּעַתִּיק מִתְלַבְּשִׁים בְּכֹל א"א, וְאָז א"א נִתַקֵּן כָּרָאוּי **וְאִתְעֲבִידוּ תִּשְׁעָה הֵיכְלִין** נַעֲשׂוּ וְנִתְקְנוּ הַתִּשְׁעָה סְפִירוֹת דא"א הַנִּקְרָאוֹת הֵיכָלוֹת, כִּי הֵם הַהֵיכָלוֹת לז"ת דְּעַתִּיק יוֹמִין, **וְהֵיכָלִין לָאו אִינּוּן נְהוֹרִין** הַהֵיכָלוֹת אֵלּוּ לֹא מְאִירִים בִּבְחִינַת אוֹר הַנֶּפֶשׁ, **וְלָאו אִינּוּן רוּחִין** וְלֹא בִּבְחִינַת אוֹר הָרוּחַ, **וְלָאו אִינּוּן נִשְׁמָתִין** וְלֹא בִּבְחִינַת אוֹר הַנְּשָׁמָה, **וְלָא אִית מָאן דְּקַיְימָא בְּהוּ** וְאֵין מִי שֶׁעוֹמֵד עֲלֵיהֶם לָדַעַת אִם הֵם בְּחִינַת אוֹר חַיָּה, לְפִי שֶׁהֵם בְּחִינַת אוֹר הַיְחִידָה, **רְעוּתָא דְכָל תִּשְׁעַ נְהוֹרִין** הָרָצוֹן שֶׁל כָּל תֵּשַׁע סְפִירוֹת דא"א, **קַיְימִי כֻּלְּהוּ בְּמַחֲשָׁבָה** כּוּלָּם קַיְימִים בְּכֹחַ הַמַּחֲשָׁבָה שֶׁל עַתִּיק, הַמִּתְלַבֶּשֶׁת בָּהֶם, **דְּאִיהִי חַד מִנַּיְיהוּ בְּחוּשְׁבָּנָא** כַּאֲשֶׁר עַתִּיק יוֹמִין מִתְלַבֵּשׁ בָּא"א הֲרֵי הוּא בְּחֶשְׁבּוֹן י' דְּא"א, **כֻּלְּהוּ לְמִרְדַּף אַבַּתְרַיְיהוּ** הַתִּשְׁעָה סְפִירוֹת דא"א כָּל רְצוֹנָם לִרְדּוֹף וּלְהַשִּׂיג אֶת הַמַּחֲשָׁבָה דְעַתִּיק, **בְּשַׁעֲתָא דְקַיְימִי בְּמַחֲשָׁבָה** בְּשָׁעָה שֶׁא"א עוֹמֵד בְּיַחַד עִם הַמַּחֲשָׁבָה דְעַתִּיק, **וְלָא מִתְדַּבְּקָן וְלָא אִתְיָדִיעוּ** אֵין א"א מַשִּׂיג אֶת עַתִּיק וְעַתִּיק לֹא נוֹדַע לָא"א. **וְאִילֵין** הָרַדְלָא דְעַתִּיק **לֹא קַיְימִי לָא בִּרְעוּתָא** לֹא מִתְלַבְּשׁוּת בְּכֶתֶר דא"א הַנִּקְרָא רָצוֹן **וְלָא בְּמַחֲשָׁבָה עִילָּאָה** וְלֹא בְּמַחֲשָׁבָה הָעֶלְיוֹנָה הָעֶלְיוֹנָה דא"א הַנִּקְרָאת מו"ס, **תְּפָסִין בָּא** תּוֹפְסִים מֵעַת מֵהֶאָרַת הָרַדְל"א **וְלָא תְּפָסִין** וְלֹא תּוֹפְסִים כְּלוֹמַר לֹא מַשִּׂיגִים אֶת הָרַדְל"א, **בְּאִילֵין קַיְימִין כָּל רָזִין דִּמְהֵימְנוּתָא** בָּרַדְל"א דְעַתִּיק קַיְימִים כָּל סוֹדוֹת הָאֱמוּנָה, **וְכָל אִינּוּן נְהוֹרִין** כָּל אוֹתָם הָאוֹרוֹת, **מֵרָזָא דְמַחֲשָׁבָה עִילָּאָה** מִסּוֹד הַמַּחֲשָׁבָה הָעֶלְיוֹנָה שֶׁהוּא הָרַדְל"א וּמַה שֶּׁלְּמַעְלָה מֵהָרַדְל"א דְעַתִּיק, **כֻּלְּהוּ אִתְקְרוּן א"ס** כּוּלָּם נִקְרָאִים עוֹלָמוֹת הָא"ס, **עַד הָכָא מָטוּן נְהוֹרִין** עַד הָרַדְל"א דְעַתִּיק מַגִּיעִים אוֹרוֹת הָא"ס בְּהַעֲלֵם גָּדוֹל, **וְלָא מָטוּן** וְזֶה נֶחֱשָׁב כְּאִילּוּ לֹא הִגִּיעוּ **וְלָא אִתְיָדִיעוּ** לֹא נוֹדַע מֵהוּתָם שֶׁל אוֹרוֹת אֵלּוּ, **לָאו הָכָא רְעוּתָא וְלָא מַחֲשָׁבָה** אֵין הַשָּׂגָה לְא"א שֶׁהוּא לֹא בִּרְצוֹן דא"א שֶׁהוּא הַכֶּתֶר וְלֹא בְּמַחֲשָׁבָה שֶׁהִיא מו"ס דא"א בָּרַדְל"א דְעַתִּיק.

27

כְּלָל – כָּל עוֹלָם שֶׁהוּא עֶלְיוֹן מֵחֲבֵרוֹ, הוּא א"ס בְּיַחַס לְעוֹלָם הַתַּחְתּוֹן.

28

בֵּית לֶחֶם יְהוּדָה ש"ג פ"א - הַנִּקְרָאִים רְאִיָּה שְׁמִיעָה רֵיחָא דִּבּוּר. רְאִיָּה הִיא עוֹלָם הַנְּקוּדִים שֶׁנֶּאֶצְלוּ מֵעֵינֵי א"ק, כַּנַּ"ז בְּשַׁעַר ח'. וּשְׁמִיעָה רֵיחָא וְדִבּוּר הֵם ג' עוֹלָמוֹת אח"ף, כַּנִּזְכָּר בְּשַׁעַר ד'.

29

תִּיקּוּנֵי הַזֹּהַר, תִּיקוּן ע' דְּקכ"ב ע"א עִם בֵּאוּר וְתַרְגּוּם – **דְּאַרְבַּע תִּקּוּנִין אִינּוּן** יֵשׁ אַרְבַּע תִּיקוּנִים בָּאַרְבַּע חוּשִׁים שֶׁל הָאָדָם הַתַּחְתּוֹן, וְהֵם כְּנֶגֶד אַרְבַּע אוֹתִיּוֹת הוי"ה, וְהֵם **רְאִיָּה** כְּנֶגֶד אוֹת י' דְּהוי"ה, חָכְמָה, וְשֵׁם ע"ב, כְּנֶגֶד עוֹלָם הָאֲצִילוּת. **שְׁמִיעָה** כְּנֶגֶד אוֹת ה' רִאשׁוֹנָה דְהוי"ה, בִּינָה, וְשֵׁם ס"ג, כְּנֶגֶד עוֹלָם הַבְּרִיאָה. **רֵיחָא** כְּנֶגֶד אוֹת ו' דְהוי"ה, ז"א, וְשֵׁם מ"ה, כְּנֶגֶד עוֹלָם הַיְצִירָה. **דִּבּוּר** כְּנֶגֶד אוֹת ה' הָאַחֲרוֹנָה שֶׁבְּשֵׁם הוי"ה, מַלְכוּת, וְשֵׁם ב"ן, כְּנֶגֶד עוֹלָם הָעֲשִׂיָּה. **רְאִיָּה אִיהוּ לְמִזְרָח, וְעָלֵיהּ אִתְּמַר,** וְעָלֶיהָ נֶאֱמַר **וְאַתָּה תֶחֱזֶה מִכָּל הָעָם אַנְשֵׁי חַיִל**

הבחינות נרמזו במאמר פקודי הנזכר לעיל, למבין. מכאן הרב ז"ל דורש את סדר הלבשת הפרצופים במצבם הקבוע[30] **וזה האדם** הנקרא א"ק **נרמז בקוצו של יו"ד דשם**

ר"ל משה שהוא בחינת פנימיות ז"א, ששורשו מן החכמה, תחזה בכח הראיה ששורשה בחכמה אנשי חיל שהם סוד אות י' דהוי"ה, **וכמה נטורי תרעין תמן** וכמה מלאכים שומרי השערים יש בעינים העליונות, **דאתקריאו** הנקראים **עיני הוי"ה**, ועלייהו אתמר ועליהם נאמר **פקח עיניך וראה שוממתינו. שמיעה** שורשה בבינה, סוד אות ה' הראשונה דשם הוי"ה, ומשם הם **יראי אלהי"ם** כי הבינה שורש היראה, **ועליה אתמר** ועליה נאמר **הטה הוי"ה אזנך ושמע** ר"ל האוזן היא בחינת הבינה, ושם קבלת התפילות, **ותמן** ושם הוא שורש **דחילו** היראה **ופחד יצחק** כי הבינה היא ראש לקו הגבורה, הנקרא בג"ה, **הדא הוא דכתיב** וזהו שכתוב **הוי"ה שמעתי שמעך יראתי** הרי היראה היא בשמיעה, **ומאן די משתמע תמן קליה** ומי שמשמיע קולו בשערי השמיעה, **בין באורייתא** בין בתורה, **בין בצלותא** בין בתפילה, **בין בצעקה, בלא דחילו** בלי יראה, **מיד וישמע הוי"ה ויחר אפו ותבער בם אש הוי"ה** מפני שלא נתעוררה בהם בחינת היראת השם בזמן תלמוד תורה או התפילה, מתעורר ח"ו קטרוג להביא רעה לעולם, **וכמה נטורי תרעין תמן** וכמה מלאכים שומרי השערים יש בשערי התפילה ושערי תלמוד תורה, **דאתקריאו** שנקראים **אזני הוי"ה** הממונים על שמיעת תלמוד התורה והתפילות. **ריחא,** הריח הוא סוד אות ו' דשם הוי"ה, והוא סוד החוטם, והחוטם הוא סוד פרצוף ז"א, שנקרא בכללות תפארת, **תמן** שם מושרשים **אנשי אמת** כי אמת הוא בתפארת, בסוד תתן אמת ליעקב, **ותמן סלקין כל ריחין וקטורין ועשנין דקרבנין** ובחוטם עולים כל הבחינות הרוחניות של הקטורת ועשן הקורבנות, **וצלותין דאתחשיבו כקרבנין** והתפילות נחשבות כקורבנות, בסוד ונשלמה פרים שפתינו, והם כדי להמתיק את הגבורות שבחוטם, **ואם לא סליק לון בר נש בדחילו ורחימו** ואם ח"ו לא יעלה אותם האדם ביראה ואהבה, **מה כתיב ביה** מה כתוב בו, **כי אז יעשן אף הוי"ה ונקנאתו באיש ההוא** ר"ל שמתעורר הדין על אותו אדם ח"ו להענישו. **דבור,** הדיבור הוא בפה, סוד אות ה' האחרונה דשם הוי"ה, והיא בחינת המלכות, בסוד מלכות פה תורה שבעל פה קרינן לה, **לקבל** הוא כנגד **שונאי בצע** דהיינו אלו ששונאים את החיצונים הנאחזים ויונקים מן המלכות, **תמן** והם **סלקין קלין ודבורין דאורייתא וצלותא** מעלים את הקולות והדבורים של התורה והתפילה בפה שהוא בחינת המלכות, **אלין דאתמר עלייהו** ועל אלו המלאכים נאמר **כי עוף השמים יוליך את הקול, ובעל כנפים יגיד דבר,** ר"ל מגיד ומעלה את דברי התורה והתפילה למקום האוזנים שהם בבינה, ששם מקום השמיעה וקבלת התורה והתפילה. גם בפרטות בכל בחינה ובחינה מארבעה תיקונים אלו, ויש את ארבעה הבחינות האלו, וזהו **לא אית תקונא מאלין ארבע דלית תמן הוי"ה** אין שום תיקון מאלו הארבעה תיקונים, שאין בו כל אלו הארבעה תיקונים הרמוזים בשם הוי"ה, **ואיהו י' אסתכל** האדם מסתכל מבחינת אות י' דהוי"ה, בחינת החכמה, ומבחינת אות **ה' הראשונה דשם הוי"ה ושמע** האדם שומע, והשמיעה בחינת הבינה, ומבחינת אות ו' דשם הוי"ה **ומריח** האדם מריח, והריח הוא בחינת החוטם, והוא סוד פרצוף ז"א, חג"ת נה"י, הנקרא בכללות תפארת, ומבחינת אות **ה' האחרונה דשם הוי"ה ומ מלל** האדם מדבר, והדיבור הוא בחינת הפה, סוד ספירת המלכות, **באלין ארבע תקונין,** ובאלה ארבעה תיקונים, שהם ראיה, שמיעה, ריח ודיבור, מאירים אותיות הוי"ה.בא"ק עולמות אלו הם באורות היוצאים מעינים, ואורות אח"פ.

ארבע בחינות אלו נקראים רשר"ד – ראיה, שמיעה, ריח, דיבור.
תרשים א – ב.
הראיה)עין(הוא – ע"ב דע"ב דס"ג.)הבל"י מפרש - ראיה היא עולם הנקודים, שהוא אור שיצא דרך העינים שנקרא סמ"ב דס"ג, וב"ן דעסמ"ב דב"ן, לפעמים הרב ז"ל קורא לו אור ההסתכלות(
השמיעה)אזן(הוא – ס"ג דע"ב דס"ג.
הריח)חוטם(הוא - מ"ה דע"ב דס"ג.
הדיבור)פה(הוא - ב"ן דע"ב דס"ג.
תרשים א – ג.

[30]

שינוי סדר התלבשות הפרצופים תלוי בהרבה מצבים כמו שמובא בע"ח ש"א ענף ה'.

הוי"ה, כי הוא בזוי' הכתר של כללות העולמות[31], ואור א"ס בכזו
התלבשותו[32] בזוכמה דא"ק זה[33]. האציל תזזתיו עולם האצילות כי עולם

ע"ח ש"א ענף ה' דט"ו ע"א - והנה אחר שהקדמנו לך כל ההקדמות האלו, צריכים אנו לעורר אל המעיין
הבא לעיין בספר הזהר, שימצא מאמרים רבים שונים ורחוקים זה מזה בתכלית הריחוק, ואם לא יהיה לו
הקדמות אלה יסתר מעיונו, כי לא ידע להבחין באיזה מציאות (בחינה) הוא מדבר המאמר אשר הוא בו, ולא
ידע להבחין באיזה בחינה הוא מדבר המאמר ההוא, אם הוא בא"ק עצמו. ואם בכל האורות שיצאו
והאירו ממנו. אם בבחינת אורות האוזן. אם בבחינת אורות החוטם. אם בבחינת אורות הפה הנקרא עקודים.
ואם בבחינת אורות העין הנקרא עולם הנקודים, שהוא עולם האצילות טרם תקונם. ואם בבחינת אורות המצח,
שהוא בחינת עולם האצילות אחר שנתקן. ואם בעולם הבריאה. ואם בעולם היצירה. ואם בעולם העשיה. וכל
זה דרך כללות. והנה יש עוד להבחין בדרך פרטות אם מדבר בפרצוף עתיק שבכל עולם מהם. או בפרצוף
א"א. או באבא. או באמא. או בז"א. או בנוקבא. או ביש"ס. או בתבונה. או ביעקב. או בלאה. עוד צריך
להבחין פרטי פרטים, אם מדבר בי"ס דעגולים, או בי"ס דיושר, ואם במקיף, ואם באו"פ. ואם בעצמות, או
בכלים, וגדולה מכולם צריך להבחין כי אופני הי"ס ומצבן ומעמדן חסרונם ומילואם, עצמו מספר. אם בעת
שנאצלו. אם בעת קיטרוג הלבנה. אם בעת בריאת אדה"ר. ואם בעת שחטא שנשתנו כל העולמות. אם בדור
המדבר. אם בבית ראשון, ואם בעת חורבנו, ואם בבית שני, ואם בעת חורבנו. גדולה מכולם אם בחול אם
בשבת, או ביו"ט, אם ביום, ואם בלילה. ולא עוד אלא שבכל שעה ושעה משתנים העולמות, ואין שעה זו דומה
לשעה זו, ומי שמסתכל בענין הילוך המזלות וכוכבים, ושינוי מצבן ומעמדן, ואיך ברגע אחד הם באופן אחר
והנולד בו יקרה לו מאורעות שונות מהנולד ברגע שקדם לזה. ומזה יסתכל ויבין בעולמות העליונים שאין להם
קץ ומספר. ואם תפקח עיני שכלך תדע ותשכיל זו ממוצא דבר כי אין שכל בלב אדם לעמוד על כל פרטים,
ועל זה אמר דוד המלך ע"ה - גל עיני ואביטה נפלאות מתורתיך. ושלמה המלך ע"ה שכתוב בו ויחכם מכל
אדם, אמר אמרתי אחכמה והיא רחוקה ממני. ולך וראה מה שכתוב בספר התיקונים תיקון כ"ב דס"ה, במ"ש
קם ר'ש ואמר סבא סבא כו' ולבושין דאיהו לביש בצפרא לא לביש ברמשא, ולבושא דלביש ביומא דא, לא
לביש ביומא תנינא. ובזה תבין איך משתנה מעמד ומצב העולמות, שהם הלבושין של א"ס, לכמה שינויין בכל
עת ורגע, וכפי השינויין ההם, כך נשתנו בחינת המאמרים של ספר הזהר. וכולם דברי אלהים חיים.
31

בית לחם יהודה ש"ג פ"א - כי הוא בחינת כתר של כללות העולמות. כי א"ק הוא כתר, והאצילות חכמה,
והבריאה בינה, והיצירה ז"א, והעשיה מלכות.
בהוי"ה של כללות העולמות קוץ של י' שבשם הוי"ה הוא א"ק. והוא א"א. והוא א"ק. י' שבשם הוי"ה הוא חכמה, והוא
אבא. ה' הראשונה בשם הוי"ה היא בינה, והיא אימא. ו' שבשם הוי"ה הוא ו"ק, והוא ז"א. ה' האחרונה שבשם
הוי"ה היא מלכות, והיא נוקבא
תרשים א – ד.
32

הגהות ובאורים)ו(– א"ה עיין בשער מ"ז, שער סדר אבי"ע, ועיין בנהר שלום מדף ל"ג ע"ב ואילך,
ובהקדמת רחובות הנהר ד"ה ע"ב.
33

נהר שלום די"ב ע"ב - והענין כי היושב על הכסא הנז"ל, שהם הכחב"ד, הוא באופן זה כי אור הא"ס הגנוז
בכתר דא"ק, נתלבש בחכמה דא"ק, וירדה החכמה הנזכר ועברה דרך בינה)דז"א( ]וז"א[דא"ק, וירדה
ונתלבשה במלכות דא"ק, וירדה המלכות הנזכר עם החכמה ואור הא"ס מלובש בה, ושברה המסך שעל גבי
האצילות בכח אור החכמה, וירדה ונתלבשה בכסא דאצילות, שהם הכחב"ד, והאיר בכל פרצופי האצילות,
וכולם מקבלים אור הא"ס דרך מסך החכמה דא"ק לבד, ומקבלים הארה שלימה מאור הא"ס המלובש בחכמה,
ומזדככים עד שאפילו הכלים שלהם נעשים אלהות גמור, ועליהם אמרו איהו וגרמוי חד בהון, וכולם נקרא
יו"ד דשמא קדישא הכולל, כי כולם בחכמה עשית.
בית לחם יהודה ש"ג פ"א – ואור א"ס בכח התלבשותו בחכמה דא"ק זה. אור א"ס הזה הוא בחינת הקו.
ופירושו הוא כי אי אפשר שהקו עצמו יאיר באצילות, אפילו מדרך הא"ק, כי לא תוכל האצילות לסבול את

האצילות לא היה בו כח לסבול את אור הא"ס, והיה צריך לקבל את האור דרך מסך[34], כמו שז"א מקבל מוחין על ידי שלו, כאשר הם מתלבשים בנה"י דתבונה, **וז"ס כולם בחכמה**]דט"ז ע"ג 32[**עָשִׂיתָ,**[35] **וזזכמה דא"ל הנ"ל נתלבשה**[36] דרך מעבר של ספירת הבינה וחג"ת נה"י דא"ק **במלכות דא"ק,**[37] **וזה** צ"ל וזאת **הַמלכות ירדה ונתלבשה**[38] בסוד הארת **ז"ס שלה**[39] ולא כל הארת י"ס דמלכות דא"ק,

---

עוצם אור הגדול ההוא, לכן כדי שיאיר באצילות נתלבש אורו באור החכמה דא"ק, כדמיון התלבשות המוחין דז"א דאו"א, מטעם שאין הז"א יכול לסבול תוקף אורם, כמבואר בפרק ח' דשער כ"ה, רק דהכא הוא מתלבש באור החכמה, ולא בכלי החכמה, ואח"כ עבר אור ההוא דרך הבינה, וו"ק דא"ק, בדרך מעבר לבד שאינו חוזר ומתלבש באור הבינה, ובאור הו"ק דא"ק, אלא נשאר כמות שיצא מן החכמה, עד שהגיע האור ההוא למלכות דא"ק, שהיא עתיק, ועתיק הוא מתלבש באצילות וכדמפרש. ועי"ע בפרק ב' דשער ל"ד כלל ה', ובפרק י"ג דשער מ"ב, ובפרק ב' דשער מ"ז ד"ה צריך וכו', ובהרב יפה שעה שם, ובמבו"ש די"ד ע"ב, ובשער הקדמות דע"ב ע"א.

יוצא שלאצילות יש שני בחינות של מסך.
34

מסך זה נקרא חכמה דא"ק, ועל ידי שהא"ס נתלבש בחכמה דא"ק, ובמלכות דא"ק, יכל להאציל את עולם האצילות. עולם האצילות הוא בחינת חכמה, והוא בחינת י' דהוי"ה, ושורש עולם האצילות הוא בחכמה דא"ק. א"ק עצמו נאצל ע"י אור הא"ס שיתלבש בכתר דא"ק.
35

תהילים ק"ד כ"ד – מה רבו מעשיך ה' כולם בחכמה עשית.
הגהות ובאורים)א(– נ"ב כי האצילות לגבי]א[א"ק כעשיה לגבי העולם.
השמש]א[– שער ח' ענף ה' ונ"ל לגבי הא"ס לקמן בפ"ב.
בית לחם יהודה ש"ג פ"א – וז"ס כולם בחכמה עשית. עיין להרב יפה שעה ז"ל בפרק מ"ז, ז"ל -
ואמר **עשית.** יען כי כל עולם האצילות אינו אפילו בחינת עשיה דא"ק, כמ"ש בפ"א דשער סדר האצילות, עכ"ל.
36

הרב ז"ל מסביר בשער מ"ז יסוד גדול של הורדת שפע, יש אור שיורד אבל מתעקב בספירות של העולם היותר עליון וקונה לו שם מלבוש, שהוא מסך. ויש שפע שרק עובר דרך הספירות של העולמות העליונים בלי לקבל לבוש מספירות אלו.
ע"ח ח"ב שמ"ז פ"ב דק"ה ע"ג - ואמנם דע כי כשרצה המאציל להאיר באצילות נתלבש בחכמה שלמעלה מהאצילות ועל ידי החכמה המתלבש הוא בתוכה אז נכנס ומאיר בכתר וחכמה דאצילות ולא הוצרך להתלבש גם בבינה שלמעלה מאצילות ולא נתלבש רק בחכמה שלמעלה מן האצילות לבד וע"י מאיר בכתר וחכמה דאצילות ואמנם כשרצה להאיר מבינה דאצילות ואילך עד סוף כל האצילות הנה ודאי שהוצרך להתלבש גם בבינה דאצילות כי אין זו"ן מקבלין אור רק ע"י הבינה אך הענין הוא שלא הועילה הבינה רק **למעבר לבד אל אור א"ס** המלובש תוך החכמה העליונה הנ"ל ועבר דרך בינה לאצילות.
37

בית לחם יהודה ש"ג פ"א – וחכמה הנ"ל נתלבשה במלכות דא"ק. הוא בחינת עתיק, ונלע"ד כי התלבשות הנ"ל אינו כענין ההתלבשות הנזכר בחכמה דא"ק, כי אין אור חכמה הנז' חוזר ומתלבש גם באור עתיק, אלא התלבשות זה הוא כדרך התלבשות המוחין דז"א בכלים דנה"י דאו"א, דנה"י דאו"א נעשים מסך מבדיל בין המוחין דז"א ובין ז"א, כמ"ש בדבור הקודם. וכן הענין הכא כי הכלים דעתיק נעשים כעין מסך ופרגוד, מבדיל בין אור החכמה דא"ק, ובין האצילות, וכמבואר בפ"ב דשער י"ג, וז"ל - ועם היות שאמרנו כי הא"ס)פירוש הוא הא"ק (מתלבש גו תלת רישין, ודאי כי אין הא"ס מתלבש באמתות, רק גו רישא עלאה דכילהו, שהוא עתיק, ורישא תניינא מקבל אור א"ס דרך מסך רישא עלאה, ורישא תליתאה מקבל דרך מסך תרין רישין יעו"ש, הרי מבואר כי אין עתיק נעשה כ"א בחינת מסך המפסיק בין אור א"ס לבין האצילות, וקרוב לפי זה כתב הרב יפה שעה ז"ל, בריש פרק ב' דשער מ"ז, יעוין שם.
38

תוך י"ס דְּעוֹלם הָאֲצִילוּת[40], והיה זה כְדֵי לְקַשֵּׁר את השורש בענף[41] אִ"ק בְּעוֹלם הָאֲצִילוּת[42], וְעַד"ז בכל עוֹלם וְעוֹלם[43] כך[44] שכל ז' תחתונות של שיעור קומה עליון מתלבש בכל

בית לחם יהודה ש"ג פ"א – וזה המלכות ירדה ונתלבשה. אמר ירדה, לפי שקודם התיקון היה עתיק בחינת כתר דנקודים. כמ"ש בפ"ב שבסמוך, ד"ה כי הראשון וכו', ולא היה מבריח עד סיום האצילות, משו"ה בזמן התיקון שנתפשט עד סיום האצילות, שייך בו ירידה והתלבשות, ועיין עוד באמצע פרק ו' דשער מ"ז, פירוש אחר בזה.
39

רק הארת ז"ת דמלכות דא"ק, שהיא מלכות התלבשה בעולם האצילות. הארה זאת היא מלכויות דז"ת דמלכות דא"ק. כמו שמובא בהגהת הרב יעקב צמח בסמוך.
כלל – הארה היא מלכות הפרטית באותה ספירה.
40

כדי להאציל את עולם האצילות, קו היושר עבר דרך כתר דא"ק, והתלבש בתוך חכמה דא"ק, אור זה המשיך ועבר דרך בינה וחג"ת ונה"י דא"ק, למלכות דא"ק. ומתלבש בעולם האצילות הארת ז"ת דמלכות דא"ק
תרשים א – ה.

מלכות דא"ק היא בעלת שיעור קומה של עשר ספירות, וכל ספירה מי"ס דמלכות יש לה י' ס פרטיות, המלכות הפרטית של כל אחד מי"ס ספירות הפרטיות נקראת המלכויות של הי"ס ספירות הפרטיות של המלכות, או הארת המלכות, או מלכות דמלכות, בסוגיה זאת היא הארת מלכות דא"ק. בדרך כלל שיעור קומה זה נקרא עתיק.
תרשים א – ו.

ג"ר דעתיק נשאר מגולה, ולא יתלבש בעולם האצילות, ונקרא רדל"א. ושבע ספירות   תחתונות דעתיק נקראות עתיק יומין, והם התלבשו תוך עולם האצילות, ובפרטות תוך א"א דאצילות, כאשר חסד דעתיק נתלבש בכתר דא"א, גבורה דעתיק בחכמה דא"א, תפארת דעתיק בבינה דא"א, פרק עליון דנצח דעתיק החסד דא"א, פרק עליון דהוד דעתיק בגבורה דא"א, פרק אמצעי דנצח דעתיק בנצח דא"א, פרק אמצעי דהוד דעתיק בהוד דא"א, יסוד דעתיק בתפארת דא"א.
תרשים א – ז.
41

חכמה דא"ק היא שורש לעולם האצילות, ועולם האצילות נקרא ענף בערך חכמה דא"ק.
42

מלכות דא"ק היא כתר דאצילות בסוד "נעוץ סופן בתחילתן". הפרוש הוא נעוץ סופן)מלכות דא"ק(בתחילתן)כתר דאצילות(.
ספר היצירה פ"א מ"ו - עשר ספירות בלימה מדתן עשר שאין להם סוף, נעוץ סופן בתחילתן ותחילתן בסופן כשלהבת קשורה בגחלת. שאדון יחיד הוא ואין שני לו. ולפני מה אתה סופר.
43

בית לחם יהודה ש"ג פ"א - ועד"ז בכל עולם ועולם. שיורדת מלכות דעולם העליון, ומתלבשת בעולם שלמטה ממנו, ונעשית עתיק לעולם התחתון, והיה זה כדי לקשר הד' עולמות זה בזה, כמבואר באמצע פי"ו שער מ"ז, יעו"ש. כי ד' העולמות הם זה על זה, כדמיון ד' בתים זה על גבי זה, כמבואר בפרק י"ד דשער מ"ב.
44

גמרא נידה דכ"ד ע"ב – תניא אבא שאול אומר ואיתימא רבי יוחנן, קובר מתים הייתי פעם אחת רצתי אחר צבי, ונכנסתי בקולית של מת, ורצתי אחריו שלש פרסאות וצבי לא הגעתי, וקולית לא כלתה, כשחזרתי לאחורי אמרו לי של עוג מלך הבשן היתה. תניא אבא שאול אומר קובר מתים הייתי, פעם אחת נפתחה מערה תחתי, ועמדתי בגלגל עינו של מת עד חוטמי, כשחזרתי לאחורי אמרו עין של אבשלום היתה. ושמא תאמר אבא שאול ננס הוה, אבא שאול ארוך בדורו הוה, ורבי טרפון מגיע לכתפו. ורבי טרפון ארוך בדורו הוה, ורבי מאיר מגיע לכתפו. רבי מאיר ארוך בדורו הוה, ורבי מגיע לכתפו. רבי ארוך בדורו הוה, ורבי חייא מגיע לכתפו. ורבי חייא ארוך בדורו הוה, ורב מגיע לכתפו, רב ארוך בדורו הוה, ורב יהודה מגיע לכתפו. ורב יהודה

השיעור קומה שתחתיו, **כמו"ש בע"ה. וראש זו המלכות שהם ג"ר** שהם כח"ב, ונקראים

רדל"א[45] **שבה נשארו במקומם**[46] למעלה מעולם האצילות[47]. **וז"ת** דעתיק **שהם גופא דילה**

שהוא גוף הארת המלכות

[הגהה] **צמח**, היינו הארת ז"ת דמלכות דא"ק **לבד**[48] ולא הם עצמן, כנזכר סוף דרוש ב'.

על ז' ימי בראשית[49]

[הגהה] **צמח**, שבעה ספירות ראשונות שיש להם שם ספירות[50].

הם נתלבשו בי"ס דאצילות[51]. **וזה הבחינה** שהיא הארת ז"ת דמלכות דא"ק **נקרא**

עתיק יומין[52], **שהם ז' ימים** כל ספירה נקראת יום[53] **העתיקן** שנעתקו **מן מלכות**

ארוך בדורו הוה, ואדא דיילא מגיע לכתפו. פרשתבינא)שם של איש(דפומבדיתא קאי ליה לאדא דיילא עד
פלגיה, וכולי עלמא קאי לפרשתבינא דפומבדיתא עד חרציה)עד מותניו(.

45

רדל"א – רישא דלא אתידע

46

בית לחם יהודה ש"ג פ"א – נשארו במקומם. מקום הג"ר דעתיק הם מטבורא דליבא דא"ק עד טבורא דגופא,
שהם נה"י שלו, אשר שם מתחיל עולם האצילות, כמ"ש בענף ה' דשער א', ד"ה עד שנמצא, יעו"ש.

47

הרדל"א נשארו במקומם, כלומר לא מתפשטים בעולם האצילות. רק ז"ת דעתיק התלבשו באצילות.

48

בית לחם יהודה ש"ג פ"א – **צמח** היינו הארת ז"ת לבד וכו'. בפרק ב' שבסמוך יבואר, כי שם מקומו.

49

בית לחם יהודה ש"ג פ"א – של ז' ימי בראשית. כמו כן כתב בפרק י"ג דשער מ', כי גם יום השבת הוא
בכללם, שהרי נקרא ז' ולא ראשון.

50

הגהות ובאורים)ב(– נ"ב, ר"ל ז"ס ראשונות שהיו באצילות, שנקראים ספירות לא ראשונות ממש, כי אם
ז"ק.

בית לחם יהודה ש"ג פ"א – **צמח** ז' ספירות ראשונות שיש להם שם ספירות. ר"ל מה שקראם רז"ל בשם
בראשית, לא שהם ז' העליונים דעתיק, שהם ראשית פרצוף עתיק, כי אינם כי אם הז"ת שלו, אלא מפני שהם
ספירות, אשר נתהוו תחלה בעולם התיקון, שנקראו בשם ספירות, ואינם כעולם הנקודים, שהיו בבחינת
נקודות פרטיות, ולא ספירות.

51

ז"ס דעתיק יומין יתלבשו תוך עולם האצילות, וכל זה היה אחר התיקון העולמות, כי לפני התיקון בזמן מקרה
המלכים, הספירות היו בבחינת נקודות)מלכויות(פרטיות. עולם האצילות המלביש את עתיק יומין עומד
מהטבור דא"ק שהוא שליש תחתון דתפארת דא"ק ולמטה, יוצא שג"ר דעתיק עומדים מעל לטבור דא"ק.

52

בית לחם יהודה ש"ג פ"א – וזה הבחינה נקראת עתיק יומין. כי עתיק סתם הוא כללות כל הי"ס שלו, אבל
שם עתיק יומין, הוא על הז"ת שלו בלבד, כי הם בחינת הימים שבו.
הפירוש של המוסג עתיק יומין הוא, עתיק זה זקן, יומין זה ימים. עתיק יומין – זקן הימים.

דא"ק[54], **והֹז"ת נֶחֱלָקִים לִי"ס** לפי סוגיית ההיכלות, בסוגיית ההיכלות ז"ס עליונות מתלבשות תוך י"ס תחתונות[55], **כִּי רִאשׁוֹנָה**[56] **כְּלוּלָה מִג'**[57] ספירות, לפעמים הם ד' כחב"ד, **עַ"ד הֵיכַל קַ"ק שֶׁכּוֹלֵל ג'**[58]. **וֹזֶ֫ה הָעַתִּיק** שהוא הארת מלכות דא"ק[59] **נַעֲשָׂה נְשָׁמָה לָא"א** וא"א הוא מלביש את עתיק, **שֶׁהוּא** הא"א[60] **כֶּתֶר דְאֲצִילוּת, וְגַם הוּא** א"א הכולל בתוכו את עתיק יומין שהוא נשמתו ופנימיותו **מִתְפַּשֵּׁט בְּטֹ"ס אֲזוֹרוֹת** שהם חו"ב, חג"ת נהי"ם **דְאֲצִילוּת**[61], **וְאוֹר אַ"ס**[62] הכוונה

עֹ"ח שֹׁי"ב פֹ"ב דנֹ"ו עֹ"ד - ולכן נקרא ע"ק כי הוא מבחי' נקודות **כתר הזקן** שבכל י"ס אשר ממנו נעשה עתיק וא"א.

כלל – יש חלוק כאשר הרב ז"ל מדבר על פרצוף עתיק, והוא, כי כאשר הרב ז"ל כותב **"עתיק"** הוא מדבר על כללות פרצוף עתיק שהוא בעל עשר ספירות כח"ב, חג"ת נהי"ם. וכאשר הרב ז"ל כותב **"עתיק יומין"** הוא מדבר על שבעה תחתנות דעתיק שהם חג"ת נהי"ם.
53

ז"ס דעתיק יומין נקראות ימים, כל ספירה יום, מחסד ולמטה, ונקראים ימי קדם.
54

בית לחם יהודה שֹ"ג פֹ"א - שהם ז' ימים העתיקין מן מלכות דא"ק. כי הם נקראים ימים הראשונים, כמ"ש בשער א' ענף ה', על הפסוק "כי שאל נא לימים הראשונים."
55

תרשים א – ח.
56

בית לחם יהודה שֹ"ג פֹ"א – כי הראשונה. שהוא החסד.
57

בית לחם יהודה שֹ"ג פֹ"א – כלולה מג'. הוצרך לזה, לפי שכתב לעיל שז"ת ועתיק הם נתלבשו בי"ס דאצילות וכו', דאיך מספיקין ז"ס להתלבש בי"ס.
58

בית לחם יהודה שֹ"ג פֹ"א - על דרך היכל קודש קודשים שכולל ג'. היא ספירת הבינה שכוללת כח"ב, ועוד היכל התחתון הוא כולל יסוד ומלכות, הרי זה י"ס, כמבואר בפרק ג' דשער מ"ו.
כלל – עשר ספירות מתחלקות לשבע היכלות, כאשר היכל קודש קודשים - כחב"ד, היכל אהבה – החסד, היכל הזכות – גבורה, היכל הרצון - תפארת, היכל נוגה – נצח, היכל עצם השמים – הוד, היכל לבנת הספיר – יסוד ומלכות.
59

עתיק הוא בחינה ממוצעת בין א"ק לעולם האצילות, והוא בחינת הארת המלכות א"ק. והארת המלכות דא"ק התלבשה בא"א דעולם האצילות, ועתיק הוא נשמה לא"א, וא"א הוא כתר דאצילות. א"א מתפשט בכל האצילות, ובפנימיותו עתיק יומין.
60

לפעמים הרב ז"ל כותב כי כתר דאצילות הוא עתיק, ולפעמים הכתר הוא אריך אנפין, כאן בסוגיית התלבשות הפרצופים הוא קורא לכתר א"א. למעשה גם עתיק וגם א"א הם כתר דאצילות, כאשר עתיק הוא פנימיות הכתר, ואריך הוא חיצוניות הכתר.
תרשים א – ט.
61

תרשים א – י.
62

השמש [ב] – בערך האצילות שלמטה ממנו.

לא"ק שנקרא א"ס ביחס לאצילות, כמו בהגהת השמ"ש **תוך (א"ק דא"ק) תוך העתיק**[63]**, וא"א מלביש כו"ת כו"ה העתיק** יומין, וג"ר דעתיק נשאר גלוי למעלה מעולם האצילות, **וזו"ב דאצילות מלבישים לא"א**[64].

[הגהה] **צ'מזז**, ר"ל חו"ב דנקודות נעשו פרצופי או"א.

הז"ת שלו לבדו וג"ר דאריך מגולות[65]**, (בהתפשטותם בו"א)**[66]**, על דרך הנ"ל ונקראו או"א. וו"א הוא ו"ס** ונקרא ו"ק[67] **דאצילות**[68]**, מלביש לאו"א את ז"ת**

63

בית לחם יהודה ש'"ג פ''א - הכי גרסינן, ואור א"ס תוך א"ק, וא"ק תוך עתיק. ובע"ה כת"י, הגיה ואור א"ק הנקרא א"ס, בערך האצילות שלמטה ממנו, תוך העתיק וכו'.

64

בית לחם יהודה ש'"ג פ''א – וחו"ב דאצילות מלבישין לא"א. נ"ב **צמח**, ר"ל חו"ב דנקודות, שנעשו פרצופי או"א, עכ"ל. פירוש לפירושו, כי יש הפרש בין לשון חו"ב, לבין לשון או"א, כי חו"ב ר"ל ב' ספירות פרטיים, אבל או"א ר"ל ב' פרצופים שלימים, שכל אחד מהם הוא כולל י"ס, כמבואר בפרק ז' דשער ל', יעו"ש, וכוונת רז"ל הכא הוא, על פרצופי או"א, ואם כן אמאי קרי להו חו"ב, ותרץ לפי שעיקר או"א הם נתקנו מחו"ב דנקודים, לכן קרי להו חו"ב על שם עיקרם.

65

כאן הרב ז"ל כותב כי או"א מלבישים את ז"ת דא"א, משמע כי ג"ר דא"א שהם כח"ב נשארים מגולים, אבל בהרבה מקומות הרב ז"ל מביא כי הכתרים דאו"א מלבישים את א"א מהגרון, כאשר הכתרים דאו"א מלבישים את הגרון דא"א, ובגרון דא"א נמצאת הבינה. יש כלל שהג"ר דא"א עומדים בחד סמכא, ובינה דא"א שבא מתלבש בתפארת דע"י, לא יכלה לסבול את האור דע"י וירדה לגרון. אפשר לישב סוגיא זאת לפי דרוש הדעת.

ע"ח שי"ג פ''ח דס"ה ע'"ג - אמנם שינוי זה יש בא"א יותר מבשאר פרצופים כי בגלגלתא שלו יש כתר וחכמה אבל בינה ודעת אין בגלגלתא שלו ואמנם בינה דא"א הוא סוד הגרון דא"א ותמן נחתת ולא קיימא ברישא ומכאן תבין איך בינה נקרא גרון ונקרא כתר ונקרא שופר כי הלא בגרון דא"א נעשה כתר לאו"א נמצא כי ג"ר דא"א יתבי דא על דא כתר ותחתיו חכמה ותחתיו בינה ואינם בסוד קוין כתר למעלה וחו"ב למטה מב' צדדי הכתר ועיקר התיקון הזה הוא להיות קוין כנ"ל בכמה מקומות. וטעם שינוי זה דא"א היה כי כבר הודעתיך סוד המלכים שמתו הם סוד הנקודות ואח"כ נתקנו ואמנם [ברישא] עתיק לא היה בו שום בחי' מלכים שמתו כמבואר אצלינו אך מאריך אנפין ולמטה היה בו בירור ז' מלכים לכן א"א המלביש ומקבל אור דע"י עצמו לא היה בו כח אל הבינה שבו כח לקבל אורו ולכן ירדה בגרון כי ממקום רחוק תוכל לקבל הארה והטעם לפי שבינה דינין מתערין מינה לכן אין בה כח לקבל החלק של אור דעתיק כמו החכמה לכן החכמה נשארה במקומה והבינה ירדה בגרון ואמנם בשאר פרצופים כגון או"א וזו"ן כולם מקבלים אור דעתיק ע"י לבוש א"א ויש בה יכולת להשיגו ואין צורך להבינה שלהם לירד ולהתרחק ואמנם אחר שירדה הבינה בגרון נתלבש בו"ק דא"א עצמם והיה רוחניות אליהם ואין לו מקום מקובץ כי אם בין תרין כתפי דא"א הוא עומד כנזכר במ"א.

ע"ח שי"ד פ''א מ''ת דס"ט ע'"ד - והנה נת"ל כי גם א"א כלול מזכר ונקבה בחד פרצוף הזכר בקו ימין והנקבה בקו שמאל ולסבה זו כאשר באו או"א להלביש את א"א אבא הלביש את קו ימין דא"א ואמא את קו שמאלו כמ"ש. והענין הוא באופן זה כי ב' כתרים דאו"א הלבישו את הגרון דא"א זה ימין וזה משמאל ושאר הפרצוף של אבא ושל אמא הלבישו את א"א מהגרון ולמטה עד הטבור של א"א אבא מימינא ואמא משמאלא זה בזרוע החסד וזה בזרוע גבורה.

התירוץ לפי דרוש הדעת - בפשטות דרושי א"א מובן כי כתר דאריך כולל בתוכו את חכמה דאריך, שנקראת חכמה סתימאה, ובינה דאריך לא יכלה לסבול את אור ע"י וירדה לגרון, ולפי דרוש הדעת ספירת החכמה היא

שֶׁלָּהֶן[69], **וְכָל קָצֶה** וקצה מהו"ק **הוּא צוּרַת ו', הֵם ו"ק, וּפָ"ו**[70] **גִּימַטְרִיָּא אל"ה**[71], **וּבָהֶם מִתְלַבֵּשׁ** צ"ל מתלבשת **הַבִּינָה, הַנִּקְרָא** צ"ל הנקראת **מ"י, וְנַעֲשֶׂה אלהי"ם**[72],

---

אבא ואמא עלאין, וספירת הבינה היא ישראל סבא ותבונה. יוצא כי חכמה סתימאה היא בעצם אבא ואמא עלאין)חו"ב(ונמצאים בתוך גולגלתא דאריך, והבינה דאריך שהיא בעצם ישסו"ת שהם בחינת מלכיות של או"א, הם נמצאים בגרון דאריך. יוצא כי הבינה דא"א שירדה לגרון היא ישסו"ת, ביחס לחכמה סתימאה דא"א שבתוך ראשו נקראת או"א עלאין דא"א. ישסו"ת אלו הם ישסו"ת הפרטים של א"א, ולא פרצופי הישסו"ת שבעולם האצילות שהם בחינת מלכיות דאו"א, שהם בינה דכללות האצילות, ביחס לאו"א שהם חכמה דכללות דאצילות. ישסו"ת דא"א, אשר הם נמצאים בגרון דא"א מתפשטים ומתלבשים תוך או"א דאצילות מהכתרים דאו"א ולמטה.

תרשים א – י"א.
66

בדרך כלל הרב ז"ל כותב כי או"א)עם ישסו"ת(מלבישים את א"א מהגרון עד הטבור, כאן הרב ז"ל כותב כי או"א מלבישים את א"א בכל ז"ת שלו, בסוגיה זאת הכוונה היא או"א מלבישים את א"א בכל ז"ת שלו כאשר הם מתפשטים ומתלבשים תוך זו"ן.

ע"ח שי"ד פ"ב מ"ת ד' ע"ע ע"ג - נמצא עתה כי או"א מתחילין להלביש את א"א מן הגרון שבו עד סיום היסוד דעתיק שבתוכו שהוא עד סיום שליש עליון דת"ת דא"א והוא עד החזה שלו ואבא מלביש הימין ואמא מלביש השמאל ואח"כ באים יש"ס ותבונה גם הם מלבישין את א"א מהחזה הנ"ל עד טבור של א"א שהוא יותר למטה מעט מן חצי ת"ת שלו יש"ס בימין ותבונה משמאל ואלו הד' פרצופין הן מלבישין לא"א מן הגרון עד הטבור כנ"ל מכל צדדיו וסביבותיו ימין ושמאל אחור ופנים.

67

ו"ק – שש קצוות.
68

עולם האצילות מתחלק לחמש פרצופים, ועשר ספירות, חמש הפרצופים הם – א"א, או"א, ז"א, נוק'. כאשר א"א הוא כתר דאצילות, אבא הוא חכמה דאצילות, אימא – בינה דאצילות, ז"א – חג"ת נה"י דאצילות, נוק' – מלכות.

תרשים א – י"ב.
69

בכל מקום הרב ז"ל כותב כי ז"א מלביש את א"א מהטבור ולמטה, כאן הרב ז"ל כותב כי ז"א מלביש את ז"ת דאו"א. עד הטבור דא"א מלבישים או"א)הכוללים את ישסו"ת(את א"א, והם מתפשטים עד קרקע האצילות. לפי זה יוצא כי א"א מלביש את או"א ממשליש תחתון דא"א ולמטה, שהם נה"י דאו"א כאשר הם מתפשטים, ולא את חג"ת דאו"א. אפשר לתרץ כי מדובר על ז"א אחרי שקיבל מוחין מאו"א ועלה לחזה שא"א.

בית לחם יהודה ש"ג פ"א - מלביש לאו"א את ז"ת שלהם. בע"ח כת"י, **נ"ב צמח** בכל שאר מקומות כתב מן החזה ולמטה, כסדר כל שאר הפרצופים, כי תפארת של זה, הוא כתר של זה, אלא דאו"א הם מלבישין לזרועות א"א, משא"כ בשאר הפרצופים, עכ"ל, **ונ"ב מז"לן** אין צריך לזה, שהרי ז"א בגדלות שני מלביש לחג"ת דאו"א עכ"ל. וכתירוץ מז"לן תרן הרב יפה שעה ז"ל, בריש פרק ב' דשער ח', ועיין באש"ל דף ו' ע"א אות ה', שהאריך בזה. ולענד"ן כי אעפ"י שז"א מלביש מחזה ולמטה, בזמן שנכנסין בו גם המוחין מאצד אבא, כמבואר בסוף פ"ג דשער כ"א, יעו"ש, מכל מקום הואיל והזרועות שהם החסד והגבורה הם משתלשלים למטה, ומגיעין עד ראשי ירכין, אם כן כשמלביש הז"א מחזה דאו"א, מוכרח הוא שיהיה מלביש גם על ב' הזרועות דחסד וגבורה, לכן אומר רז"ל שהז"א מלביש אח ז"ת שלהם. וכן הענין בנוקבא המלבשת על ז"ת דז"א, הנזכר בסמוך, ועי"ע בפרק ב' דשער כ"ט ד"ה האי' הא' הוא תבונה, וכו'.

70

ופ"ו – ו' פעמים ו')שש כפול שש(.
71

כמו שכתוב[73] מ"י[74] שהיא הבינה בר"א[75] הולידה את אל"ה[76] שהוא[77] ז"א, **ונוּקְבָא דו"א** שהיא אשתו **הוּא** צ"ל היא **המלכות דאצילות** שהיא רחל עקרת הבית[78], **מלבֶּשֶׁת להֹז"א** את ז"ת שֶׁלוֹ אב"א, **בְּסוד נֻקְבָה תסוֹבֵב גֶבֶר**[79], **וּבְעֵת הַזִּווּג**[80] שהוא זמן קבלת השפע, אז היא מתארכת ונעשת **שָׁוֶה היא אלָיו פָּנִים בְּפָנִים**, ודי בזה. הרי כשֶּׁנַּעֲרִיך בְּדֵיעָה יתירה, נִמְצָא היות כל קומת מלכות, שׁיעור סְפִירה אזוֹת[81] של עולם האצילות, ויש לה בעצמה עשר ספירות פרטיות לבד בְּעֵרך כללות כל עולם האצילות. וז"א יהיה ו"ק שֶׁל כללות עולם האצילות **עם שֶׁהוּא בְּעצמוֹ** יש לו י"ס פרטיות. **ואו"א** לכל אחד מהם יש עשר ספירות פרטיות, והם **גְּבוֹהִים ממנוּ** כי הג"ר שלהם מגולה, **וראשׁ הכתר** יש לו עשר ספירות פרטיות

הגהות ובאורים)ג(– בכל שאר מקומות כתב)נ"א כה"ב(מהחזה ולמטה כסדר שאר הפרצופים, כי ת"ת של זה הוא כתר של זה, אלא או"א מלבישים זרועות ת"ת א"א, משא"ב בשאר הפרצופים.)מזל"ן איני צריך לזה, שהרי ז"א בגדלות ב' מלבוש לחג"ת דאו"א, וכן כולם(.
[72]

אלהי"ם הם הם אותיות אל"ה מ"י.
[73]

ישעיהו מ' כ"ו – שאו מרום עיניכם, וראו **מי ברא אלה**, המוציא במספר צבאם, לכולם בשם יקרא, מרוב אונים ואמיץ כוח, איש לא נעדר.
[74]

מ"י לשון שאלה, והתשובה בפסוק – מי היא הבינה.
כלל – בכל פסוק בתנ"ך שיש בו שאלה, התשובה היא באותו פסוק.
[75]

בר"א רומז לעולם הבריאה, שהיא כנגד פרצוף אימא, וספירת הבינה.
[76]

הגהות ובאורים)ד(– עיין זהר חדש דקכ"א ע"ב.
[77]

ברכת הרי"ח, פרשת בהר – ובכל ארץ אחוזתכם גאלה תנו לארץ. נראה לרמוז בס"ד, כי ידוע **שש קצוות שהם חג"ת נה"י, הם נקראים אלה**, בסוד - מי ברא אלה. **ר"ל מי הבינה ברא אלה, הם ו"ק**. ונקראו משני טעמים, האחד הוא כי הם כל אחד כלול מן השׁשה, הרי הם מספר ל"ו, כמניין אלה. ועוד אלה הם א"ל שהוא חסד, ואות ה' הם החמשה הנשארים.
[78]

גמרא שבת דקי"ח ע"א – אמר רבי יוסי מימי לא קריתי לאשתי אשתי, ולשורי שורי, **אלא לאשתי ביתי**, ולשורי שדי.
[79]

בית לחם יהודה ש"ג פ"א – בסוד נקבה תסובב גבר. עיין בענף ד' דשער א', ד"ה וכלים וכו', מש"ש.
[80]

משל הזווג בדברי הרב ז"ל ובספר הזהר הוא נתינת וקבלת שפע, כאשר הנותן הוא העולם או הפרצוף או הספירה היותר עליון. והמקבל הוא העולם או הפרצוף אן הספירה היותר תחתון. יש מספר מיני זווגים כאשר המעולה ביותר הוא בחינת פנים בפנים.
כלל – זווג הוא משל של נתינת וקבלת שפע.
[81]

בית לחם יהודה ש"ג פ"א – שיעור ספירה אחת לבד. כי אינה כי אם ספירה אחת מי"ס דכללות הי"ס דאצילות.

גָּבוֹהַּ מֵעֲלֵיהֶם מעל או"א, ומעל כל הפרצופים[82]. **הָאָמְנָם רַגְלֵי** הפרצופים **כּוּלָּן שָׁוִין** עד קרקע האצילות[83].

[הגהה] צבמזז, מע"פ שאו"א עד טיבורו דא"א[84] עכ"ז כשהם מתפשטין בנה"י שלהם לקוי ז"א, הנה אז כולן מגיען לקרקע דאצילות, גם שם ב' פרקי דעתיק תתאין דנה"י, הם עולפים מקרקע דאצילות, ועיין לעיל.

עַד סוֹף הָאֲצִילוּת, רגלי עתיק[85], ורגלי א"א, ורגלי או"א[86], ורגלי זו"ן, **כּוּלָּן** שהם רגלי כל פרצופי האצילות **שָׁוִין** , **אָכֵן יִתְפָּרְדוּ בְּרָאשָׁם זֶה לְמַעְלָה מִזֶּה** וזה ההכר בן פרצוף לפרצוף[87], **בְּאוֹפָן כִּי יִהְיוּ כּוּלָּם מְלוּבָּשִׁים זֶה בְּמַלְבּוּשׁ לָזֶה, וְזֶה מַלְבּוּשׁ לָזֶה. וְהָעַתִּיק** דאצילות **שֶׁהוּא** הארת **מַלְכוּת דא"ק, ובתוכו חכמה דא"ק, בסוד ה' בְּחָכְמָה יָסַד אָרֶץ[88], ובְתוֹכוֹ הא"ס עַצְמוֹ[89]. כָּל ג' אֵלּוּ** שהם הא"ס, חוכמה דא"ק

לפי פשט דברי הרב ז"ל בסוגיה זאת, הג"ר של כל פרצוף עליון הם מגולים, ביחס לתחתון ממנו.
תרשים א – י"ג
83

רגלי כל הפרצופים שבאותו שעור קומה מגיעים בשווה לקרקע אותו שעור קומה.

84

הגהות ובאורים (ה) – שער א' סוף ענף ד'.
85

למדנו בש"א ענף ד' כי רגלי עתיק מתפשטים מתחת לרגלי א"א לגבול עולם הבריאה. והתירוץ הוא כאשר הרב ז"ל כותב שרגלי עתיק מתפשטים לגבול עולם הבריאה, מדובר על לפני התיקון. וכאשר הרב ז"ל כותב כי רגלי עתיק מסתיימים בשווה עם כל הפרצופים, מדובר על אחרי התיקון.
ש"א ענף ד' די"ד ע"ב – והנה פעם אחרת שמעתי ממו"ר זלה"ה, בענין דרוש תיקון אריך אנפין, איך נולד ויצא וינק מב' פרקין תתאין דרגלי עתיק יומין, ושם ביארנו איך ב' פרקין תתאין הנקרא עקביים דעתיק יומין, הם מתפשטים יותר למטה מרגלי א"א, והם נכנסים בגבול עולם הבריאה, כנזכר שם.
86

למדנו בש"א ענף ד' כי רגלי או"א קצרים ומגיעים עד הטבור דא"א, וזאת סתירה למה שהרב ז"ל כתב כאן. והתירוץ העיקרי כי בש"א ענף ד' הרב ז"ל לא מזכיר את החלק המכוסה שבפרצופים, כלומר את החלק המתלבש בפרצוף התחתון, בשמועה זאת א"א מלביש את או"א מהטבור דא"א ולמטה, לכן הוא קורא לאו"א קצרי קומה. בפרק זה הרב ז"ל מדבר על שעור קומת כל הפרצופים ועד היכן הם עומדים, ובפרק זה הרב ז"ל כותב כי רגלי כולם שווים.
ע"ח ש"א ענף ד' די"ד ע"ב - אמנם יש בחי' פרצופים שאינם גבוהים קומתם, כגון או"א, ששיעור קומתם מהגרון דא"א עד הטיבור של א"א בלבד. וכן פרצוף לאה שהיא מתחלת מהדעת דז"א, עד החזה שלו, כמ"ש במקומו. ואלו הפרצופים אין רגליהם נוטים עד רגלי א"א כי הם קצרי קומה, וכל אחד יתבאר במקומו בפרטות.
87

כלל - הפרצוף התחתון לא מסייג את עומק ההנהגה של הפרצוף שמעליו, ומסייג רק את ז"ת של הפרצוף העליון שאותו הוא מלביש.
88

ה' בחכמה שהיא חכמה דא"ק, **יסד ארץ** שהיא המלכות, והארת המלכות שהיא עתיק מתלבשת באצילות.

והארת מלכות דא"ק שהיא עתיק **מתלבשים תוך האצילות**[90], **וזה נרמז באדרא האזינו**[91] **דרפ"ז** ע"א **וז"ל**[92] **כד אתתקן**[93] כאשר נתקן[94] א"ק, ויתלבש בעתיק, **אפיק ט' נהורין דלהטין**[95] הוציא תשע אורות שלוהטים **מיניה**[96] ממנו, הכוונה מא"ק, **בתיקוני**[97] מלבושי א"ק הוא הוציא

משלי ג' י"ט – יהו"ה בחכמה יסד ארץ כונן שמים בתבונה.
כלל – מלכות נקראת ארץ.
89

יוצא שכל עולם האצילות הוא עשיה בערך א"ק, כי הוא הארת מלכות דא"ק.
תרשים א –י"ד.
90

אור הא"ס עבר קודם דרך כתר דא"ק, והתעכב בחכמה דא"ק כדי לקחת מלבוש, ומשם עבר דרך הבינה דא"ק וחג"ת נה"י דא"ק, ומשם למלכות דא"ק, כדי לקחת מלבוש, והארת ז"ת דמלכות דא"ק דהיא נקראת עתיק, התלבשה בעולם האצילות.
91

בית לחם יהודה ש"ג פ"א - וזה נרמז באדרת האזינו. קאי על מה שכתב זה מלביש לזה, וזה מלביש לזה.
92

זהר האזינו דפר"ח ע"א)אידרא זוטא(וזה לשונו בתרגום והסבר - **כד אתתקן** כאשר א"ק נתקן ונתלבש בעתיק, **אפיק ט' נהורין** עתיק הוציא ותיקן תשע אורות, שהם תשע ספירות דא"ק, **דלהטין מניה מתקונוי** והם לוהטים ומאירים מא"ק דרך המלבושים ודרך העתיק, **ואינון נהורין מניה**, כלומר הם מקבלים את הארתם מא"ק, **מהנהירין** בבחינת חסדים שבו, שהם שם מ"ה, **ומתלהטין** שהם בבחינת גבורות שבו, שהם שם ב"ן, **ואזלין ומתפשטין לכל עיבר** והולכים ומתפשטים בכל האצילות. **כבוצינא** כמו נר, **דאתפשטין מניה נהורין לכל עיבר** שמתפשטים ממנו אורות המאירים לכל הצדדים. **ואינון נהורין דמתפשטין** ואלו האורות המתפשטים מן הנר, **כד יקרבון למנדע לון** כאשר הם מתקרבים לדעת מהיכן נמשכים בה האור, **לא שכיח אלא בוצינא בלחודוי** רואים שלא נמצא רק הנר לבדו שממנו מתפשט האור הממלא אותם, **כד הוא עתיקא קדישא** שהוא א"ק, **בוצינא עלאה** הוא הנר העליון, **סתימא דכל סתימין** שהוא סתום מכל סתומים, כי האור דא"ק סתום בתשע ספירות דא"א, והוא שורש שלהם, ולכל אורות האצילות. **ולא שכיח** ולא יכול להמצא ולהאיר א"א, **בר אינון נהורין דמתפשטן דמתגלליין וטמירין** אלא ע"י פרצופי האצילות, שהם או"א וזו"ן המתפשטים בעולם האצילות, **ואינון אקרון שמא קדישא** ותשע ספירות דא"א עם המלכות שבוא נקראים השם הקדוש , שהוא שם הוי"ה, **ובג"כ כלא חד** ולכך כל א"א הוא פרצוף אחד, שהוא הוי"ה, בלי שום פרוד.
93

בית לחם יהודה ש"ג פ"א – כד אתתקן. קאי על א"ק, ור"ל כאשר נתלבש א"ק בעתיק מטבורו ולמטה, כי פירוש תיקון ר"ל התלבשות, אז אפיק א"ק ט' נהורין. שהם תשע ספירות דא"א.
94

תכלית עבודת האדם היא תיקון העולם, כי העולם לא מתוקן, ועל ידי תלמוד תורה וקיום מצוות בני ישראל מתקנים, והתיקון הוא ברור ניצוצות הקדושה שנפלו לתוך הקליפות בעת מקרה המלכים. וכאשר ניצוצות הקדושה מתבררים, הם עולים ומלבישים את הברורים שיתבררו לפניהם, והם לבוש להם, וזה הוא תיקונם. כאן שהרב ז"ל כותב כי א"ק נתקן, הכוונה שהוא הלביש את המדרגה שמעליו, וגם יתלבש במדרגה התחתונה ממנו. כל ספר עץ חיים הוא לימוד תיקון העולמות, והבנת התלבשות הפרצופים זה בזה.
כלל – תיקון הוא התלבשות.
95

לא"א יש תשע ספירות. כח"ב חג"ת נה"י, המלכות של א"א לא יצאה מהכח לפועל.
ע"ח שי"ג פ"ב מ"ק דס"א ע"א - מ"ק סוד ז"ס)נ"א י"ס(דא"א איך נעשו מהם י' פרצופים שלמים כי כבר בארנו כי ג"ר דא"א נשאר למעלה בסוד רישא מגולה והנה בינה דא"א שהוא בצואר גרון שלו כנודע ממנו נעשה ב' כתרים לאו"א וחסד דא"א מתלבש באבא וגבורה באמא הנקרא בינה וז"ס אני בינה לי גבורה וחסד

33

את תשע ספירות דא"א, **ואינון נהורין** מיניה[98] והם מאירים ממנו,[99] **מנהרן ומתלהטן**[100] מאירים
ומתלהטים, שהוא סוד הלובן והאודם, חסדים וגבורות, **ואזלין ומתפשטים** והם הולכים ומתפשטים **לכל**
עיבר[101] לכל צד,[102] לתוך שאר פרצופי האצילות, **כבוצינא דמתפשטין**[103] מיניה נהורין
לכל עיבר כמו נר שהוא א"ק, שהאור שלו מתפשט לכל צד שהם תשע ספירות דא"א, **ואינון נהורין**
דמתפשטין ואותם האורות שמתפשטים, **כד יקרבון למנדע לון**[104] וכאשר מתקרבים לחקור את

דא"א נחלק לב' פרצופים אבא וישראל סבא. וגבורה דא"א נחלק לב' בינה ותבונה הרי ד' פרצופים. ות"ת
דא"א מאיר בזו"ן וזעיר אנפין הנקרא)נ"א בז"א ואז הז"א נקרא(ישראל כלול בו ג"כ יעקב והכל פרצוף א'
וכן בנוקבא כלול לאה ורחל והכל פרצוף א' הרי ב' פרצופים כלילין בת"ת דא"א ועם הד' ראשונים הרי ו'
ואח"כ מתחלקים ב' פרצופים הנ"ל לד' פרצופים כי נצח דא"א הנקרא בז"א מתלבש בז"א הנקרא ישראל והוד דא"א
מתלבש בלאה ויסוד דא"א מתלבש ביעקב ומלכות דא"א ברחל הרי ד' פרצופים ועם ו' הראשונים הרי י'
פרצופים מז"ת דא"א. והנה המלכות דא"א לא היתה ניכרת כמבואר אצלינו בהקדמת ביאור אדר"ז כי לא היה
בא"א רק ט"ס מכתר עד יסוד כי רדל"א הוא בחי' עתיק ונשאר א"א בבחי' ט"ס לבד אבל מן האור של
התפשטות נה"י דע"י המתלבשין בא"א משם נעשה בחי' המלכות דא"א ונשלמו בו י"ס ובזה תבין איך לעולם
בחי' המלכות גדולה מהזכר העליון ממנה ולכן נקראת עטרת בעלה.
96

בית לחם יהודה ש"ג פ"א - מינה. מא"ק.
97

בית לחם יהודה ש"ג פ"א - מתקונוי. מעתיק שהוא תיקונוי. כי באמצעות עתיק הוציא א"ק את פרצוף א"א.
98

בית לחם יהודה ש"ג פ"א - ואינון נהורין. שהם ט"ס דא"א.
99

בית לחם יהודה ש"ג פ"א - מניה. מא"ק.
100

השורש מאיר לענף.
101

בית לחם יהודה ש"ג פ"א – מתנהרין ומתלהטין. לפי שא"א הוא כלול ממ"ה ב"ן, שהם חסדים וגבורות, לכן
כנגד החסדים אמר מתנהרין, וכנגד הגבורות אמר ומתלהטין.
102

בית לחם יהודה ש"ג פ"א – ואזלין ומתפשטין לכל עיבר. היינו שמתפשטין תוך או"א, וזו"ן, כי אבא דרום,
ואימא צפון, וז"א מזרח, ונוקבא מערב, כלו', ונמצא דא"ק מתלבש בעתיק, ועתיק בא"א, וא"א באו"א, ואו"א
בזו"ן.
103

פרצוף אבא נקרא דרום, אימא צפון, ז"א מזרח, נוקבא מערב. וזה סוד השכינה שהיא פרצוף רחל במערב.
בסוד **מתה עלי רחל בארץ** – ר"ת מערב.
בראשית מ"ח ז - ואני בבאי מפדן מתה עלי רחל בארץ כנען בדרך בעוד כברת ארץ לבא אפרתה ואקברה
שם בדרך אפרת הוא בית לחם.
104

בית לחם יהודה ש"ג פ"א – כבוצינא דמתפשטין וכו'. הבוצינא הוא א"ק, ונהורין דמתפשטן מניה הם ט"ס
דא"א.
105

בית לחם יהודה ש"ג פ"א - כד יקרבון למנדע לון. לחקור מאין נאצלו ט"ס אלו.

34

סוד האורות האלו, **לא שכיח** לא מוצא תשובה, **אלא בוצינא בלחודוי**[106] רק את הנר לבד, **כך הוא ע"ק, בוצינא עילאה סתימא** כל אלו הם כינוים לא"ק, והוא נעלם וסתום מכל הנעלמים, **דכל סתימין** שהם עתיק ואריך, ונקראים סתומים ביחס לפרצופים היותר תחתונים מהם, **ולא אשתכחוא בר אינון נהורין** ולא נמצא חוק מאלו האורות, **דאתפשטן** שמתפשטים, **דמתגליין** ונגלים, **וטמירין** אבל הם טמירים, **ואינון איקרון שמא קדישא** שהוא הוי"ה, **ובג"ד כלא חד** וגלל זה כולם זה אחד[107]. **באופן כי אין ניכר מכל אזוד** מהפרצופים **מהם כי אם הראשים**, אכן גופם מתלבשים אלו תוך אלו, ואינם ניכרים רק בזוי' ראשיהם[108], לכן יכנום באדרא האזינו בבזוי' הראשים, ודו"ל:

והנה כל הי"ס דאצילות נזולקים לה"פ[109], כזה"ב[110] זו"ן[111], כ"א כלול מרמ"ז אברים, והם בזוי' ד' אותיות הוי"ה, הכולל עולם אצילות לבדו, ועם קוצו של י' הרי הם ה' פרצופים[112]. אכן בערך ההוי"ה הכולל צ"ל הכוללת[113] כל העולמות שהיא מערכת יותר כוללת[114] כנ"ל, נמצא כי א"ק קוצו של י',

---

106

בית לחם יהודה ש"ג פ"א - לא שכיח אלא בוצינא בלחידוי. שהוא א"ק סיבה הראשונה, והוא המציאם ע"י הקונוי שהוא עתיק.
107

כל העולמות הם הוי"ה אחת, כאשר קוץ של י' הוא א"ק, אבא הוא י', אימא היא ה', ז"א הוא ו', נוק' היא ה'.
תרשים א – ט"ו.
108

ג"ר שבכל פרצוף הוא מגולה, וז"ת שלו מתלבשים בפרצוף היותר תחתון.
109

לה"פ – לחמש פרצופים.
110

בסוגיה זאת הרב ז"ל קורא לפרצופי א"א ואו"א בשם כח"ב, אבל ידוע כח"ב הם שמות של ספירות.
111

בעולם האצילות יש עשר ספירות כלליות והם נחלקים לחמש פרצופים, כאשר כתר הוא א"א, חכמה היא אבא, בינה היא אימא, חג"ת נה"י הם ז"א, מלכות היא נוקבא.
112

במערכת הפרצופים כל פרצוף מתחלק להוי"ה.
תרשים א – ט"ז.
113

יש הוי"ה שכוללת את כל העולמות, יש הוי"ה פרטית שכוללת כל פרצופי כל עולם ועולם, יש הוי"ה יותר פרטית שכוללת עשר ספירות שבכל פרצוף ופרצוף.
תרשים א – י"ז.
114

יש המשכת שפע מפרצוף לפרצוף שבאותו עולם, והוא שפע קטן. ויש המשכת שפע מעולם לעולם והוא שפע גדול. במערכת העולמות השפע הוא גדול ועצום ביחס למערכת הפרצופים.

וי"ס דאצילות הם יו"ד דהוי"ה הנרמזות בחכמה, והוא אצילות כנודע[115], ואז"ו שנשתלשלו כל עולמות א"ק ואבי"ע[116] נשלם זווט הא"ס בבחינת פנימיותו הנ"ל להתלבש בפרצופי האצילות,]דט"ו ע"ד 32[ואז נתעבה האור[117], ונעשה שם מסך[118] ודרך המסך ירדה שם המלכות דאצילות, ז"ת שבה כמו שהארת ז"ת דמלכות דא"ק יתלבשו בכתר דאצילות[119], והיתה ראש שהוא כתר דבריאה, יוצא שהארת ז"ת דמלכות דאצילות הם עתיק דבריאה

115

בהוי"ה של כללות העולמות אות י' שבשם הוי"ה היא בעולם האצילות.

116

א"ק – קוץ של י'. אצילות – י'. בריאה – ה'. יצירה – ה'. עשיה – ו'. עשיה – ה'.

117

בית לחם יהודה ש"ג פ"א – ואז נתעבה האור. ר"ל נתמעט, ועל ידי כך נתעבה.

118

ע"ח ח"ב שמ"ב פי"ב דצ"ב ע"ד - בענין המסך שיש בין אצילות לבריאה, ובין בריאה ליצירה, ובין יצירה לעשיה, ובו יתבאר קצת מהנ"ל, ונבאר ענין מצות מעקה, והנה סוד מצוה זו הוא כי על בנין העולמות האלו, כתיב כי תבנה בית חדש כו', והנה גג"ך גימטריא שם הוי"ה, מעקה גימטריא רי"ו, והענין כי הרי"ו של שם ע"ב כנודע, וכמ"ש ועשית מעקה לגגך שהוא שם הוי"ה. והענין כי נתבאר בדרוש הקודם כי ד' עולמות אבי"ע הם הנקרא חו"ב תו"מ, והנה הכתוב אומר כולם בחכמה עשית, כי האצילות כולל את כולם, וממנו יצאו, והנה אחר שנאצל עולם האצילות, אז עשתה הבינה דאצילות מסך א' להבדיל בין אצילות ובין בריאה, והנה ודאי הוא כמו שיש כח באותו לבוש של בינה כשיורד להלביש ממנה לזו"ן עד מתחת רגליהם, הנה ג"כ יש בו כח להתפשט יותר ולהלביש את כל העולמות אשר תחתיו שהם בי"ע, והנה ודאי יש כח באצילות נגד כל אשר תחתיו, כי פשוט כי כל דבר עליון גדול כנגד כל מה שלמטה בי"ע, ג"כ וכמשהארז"ל על רגלי החיות ככולהו ושוקי החיות ככולהו, כנזכר פרשת בשלח, אבל המאציל העליון לא רצה כך שיתפשט עד למטה. ולהבין טעם הדבר נמשיל לך ונאמר כי ארבע העולמות האלו הם כדמיון ד' בתים זה למעלה מזו, וכולן שוין בארכן וברחבן, אלא שהם עומדים זה למעלה מזו, והנה בית העליון הוא עולם האצילות, והנה בגג הבית הזה אין לנו רשות לדבר, כי מן הכתר דאצילות ולמעלה נאמר עליו במופלא ממך אל תדרוש. אמנם נתחיל לדבר מן הבית הב' שהוא עולם הבריאה שהוא בחינת בינה כנ"ל, אשר היא נקרא בי"ת רבתי דבראשית, וזהו כי תבנה בית חדש בית עלאה בית דבריאה, והנה גג הבית הזה הוא עצמו קרקע עולם האצילות, כי קרקע בית העליונה שהוא מסך הנ"ל, הוא עצמו גג של הבית הב' הנקרא בריאה, כי רגלי בני העליה העליונה שהם זו"ן דאצילות דורכין ע"ג מסך ההוא, והוא קרקע להם, וגג לדרים בבית הב' שהוא בריאה, והנה בזה המסך שבין אצילות לבריאה הנקרא גג הבריאה כנ"ל, צריך לעשות בו מעקה אחד גבוה י' טפחים, והענין הוא כי האמת הוא שאור האצילות אינו יכול ליפול בבריאה, כי מסך ההוא מפסיק בנתים, אמנם אם לא יהיה שם מעקה בצדדי הגג יוכל ליפול אור האצילות דרך צדדי גג הבריאה, ועד סיום העשיה, בחוץ למחיצת הבריאה ויצירה ועשיה, אחורי הכתלים אשר להם, ואם יפול האור שם ימות, וביאורו הוא – כי סוד המיתה הוא ענין פרידת הדבר ועקירתו מעולמו וממקומו, ללכת אל עולם אחר למטה ממנו, ע"ד מיתת ז' מלכים שמלכו בארץ אדום, כי ירדו בבריאה ודבר זה נקרא מיתה.

בית לחם יהודה ש"ג פ"א – ונעשה שם מסך. הוא כעין רקיע פרוס תחת רגלי פרצופי האצילות, כדי להבדיל ולהפסיק בין האצילות לבריאה, כמבואר בפרק י"ד דשער מ"ב.
מסך הוא בחינת מעוט האור, שהוא בחינת צמצום. התרגום של המילה מסך לארמית הוא פרסא, ולפעמים הרב ז"ל ישתמש במילה פרסא במקום מסך, כמו שמובא בזהר.

119

כמו שמלכות דא"ק התלבשה באצילות.

ע"ח ש"ג פ"א דט"ז ע"ג - וזה המלכות ירדה ונתלבשה בסוד ז"ס שלה תוך י"ס דעולם האצילות, והיה זה כדי לקשר א"ק בעולם האצילות, ועד"ז בכל עולם ועולם, כמ"ש בע"ה.

לשועלים ביחס לעולם האצילות שנקרא אריות[120] **לי"ס דבריאה, וכל זה אזזר** התעבותה והתלבשותה דרך מסך הנ"ל. **גם הבינה**[121] **דאצילות נתלבשה אור ז"ת שלה**[122] **במלכות דאצילות, וירדה דרך המסך** דאצילות ונתלבשה **בי"ס דבריאה**[123]. **וזה סוד בינה מקננה בכורסייא** מקננת בכיסא[124].

120

עדיף להיות זנב לאריות שהיא מלכות דאצילות, מאשר להיות ראש לשועלים שהוא כתר דבריאה.

פרקי אבות פ"ד משנה ט"ו - רבי מתיא בן חרש אומר – הוי מקדים בשלום כל אדם. והוי זנב לאריות, ואל תהי ראש לשועלים.

עדיף להיות זנב לאריות שהיא מלכות דאצילות, מאשר להיות ראש לשועלים שהוא כתר דבריאה.

121

שורש עולם הבריאה הוא בבינה דאצילות, ושורשה של הבינה דאצילות הוא בינה דא"ק, וכמו שעולם האצילות נאצל על ידי אור הא"ס שעבר דרך כתר דא"ק, והתלבש בחכמה דא"ק, ועבר דרך בינה וחג"ת נה"י דא"ק, והתלבש במלכות דא"ק, והארת ז"ת דמלכות דא"ק שהיא עתיק לאצילות, נתלבשה בכתר דאצילות, ובכל פרצופי האצילות. כך גם בעולם הבריאה – אור הא"ס עבר דרך כתר דא"ק, והתלבש בחכמה דא"ק, ומשם התלבש בבינה דא"ק, אחר כך עבר דרך חג"ת נה"י דא"ק, ועבר גם כן דרך כתר וחכמה דאצילות, ונתלבש בבינה דאצילות, אחר כך עבר דרך חג"ת נה"י דאצילות, ונתלבש במלכות דאצילות, והארת ז"ת דמלכות דאצילות היא עתיק לכתר דבריאה, ומאיר בכל פרצופי הבריאה.

122

בית לחם יהודה ש"ג פ"א – גם הבינה דאצילות נתלבש אור ז"ת שלה וכו'. כי היכי שכתב לעיל דעתיק שהוא מלכות א"ק, ובתוכו חכמה דא"ק מתלבשין תוך האצילות, הכי נמי היה בעולם הבריאה, שנתמעט האור, שאז בינה דאצילות שהיא ג"כ למעלה מהבריאה, נתלבש אור ז"ת שלה במלכות דאצילות, ומלכות דאצילות נתלבשה בבריאה.

123

נהר שלום די"ב ע"ב – ואחר כך אור הא"ס הנזכר הגנוז בכתר דא"ק, ומלובש בחכמתו, נתלבש גם בבינה דא"ק, ודרך מסך הבינה הנזכר, עבר אור הא"ס דרך זו"ן דא"ק, ודרך כתר וחכמה דאצילות, ונתלבש לבוש גמור גם בבינה דאצילות, שהיא התבונה, ודרך מסך התבונה הנזכר, עבר האור דרך ז"א דאצילות, ונתלבש במלכות דאצילות, וירדה ובקעה המסך שעל גבי הבריאה, ונתלבשו כחב"ד דתבונה הנזכר בכחב"ד דבריאה, והם הנקראים כסא דרחמי, ושש קצוות שלה בו"ק דבריאה, והם שש מעלות של הכסא, ומלכותה במלכות דבריאה, והיא כסא דדינא תכלת סנדלפו"ן, ודרך מסך דתבונה האיר הא"ס בכל פרצופי הבריאה. יוצא שלבריאה יש ארבעה בחינות של מסך, לעומת האצילות שיש לה שני בחינות של מסך.
תרשים א - י"ח.

124

עולם הבריאה נקרא כסא, ביחס לאצילות הנקרא המלך היושב על הכיסא. לפי הפרוש כאן, בינה דאצילות מקננת בבריאה, כמו שהרב ז"ל כתב כי בינה דאצילות ירדה לעולם הבריאה.

תיקוני הזהר, תיקון ו' דכ"ג ע"א וזה לשונו בתרגום והסבר - **ביצים אינון מסטרא דאופנים** בצים הם מצד המלאכים הנקראים אופנים אופנים שהם נפשות מעולם הבריאה, **אפרוחים מסטרא דנער מטטרו"ן** אפרוחים הם מצד נער שהוא המלאך מטטרו"ן, והם רוחות מעולם היצירה, **בנים מסטרא דכורסיא** בנים מצד הכיסא, והם נשמות מעולם הבריאה, **דאיהי סכת שלום** שהיא אימא הנקראת סוכת שלום, כלומר אימא דאצילות שהיא הבינה מקננת בבריאה, וסוככת על בניה, **דאיהי קנא דשכינתא** כי עולם הבריאה הוא קן לשכינה העליונה, **דאימא עלאה מקננא בכורסיא** כי אימא עלאה מקננת בכיסא שהוא עולם הבריאה.

[הגהה] **צמ"ה**, בינה ז"א מלכות המקנננין בבי"ע[125] נתבאר במ"א בבחינת בינה ז"א מלכות יותר תחתונים מן הנ"ל וכאן גילה בחינת התחתון בשורשם בא"ק עצמו וזה כלל לכל השאר שלא נתפרשו כאן.

ואלו הארת **הז"ת דהמלכות** דאצילות **נתהוו לעתיק יומין דבריאה**[126], **ועתיק יומין דבריאה** מתלבש **בא"א דבריאה**[127], וכו' **על סדר הנ"ל באצילות** כך גם בבריאה[128]. **וגם הוא** עולם הבריאה יש **ה"פ דבריאה**, **וכולם** כל חמשת הפרצופים הם **בבחינת ה' דהוי"ה** במערכת העולמות, **הכוללת כל העולמות**[129]. **ואז"כ נפרש מסך** כללי ב'[130], **וירדו** הארת **ז"ת דהמלכות דבריאה** שהיא עתיק יומין לעולם היצירה, **ובתוכם מתלבשת**

125

בית לחם יהודה ש"ג פ"א – צמח בינה ז"א מלכות המקנננין בבי"ע וכו'. הגהות הצמח צריך להיות בסוף הפרק, וראיתי בכת"י ח"ר אליהו מני ז"ל שכתב, וז"ל - בספר מדוייק הכי כך היא בינה, ז"א, מלכות, המקנננים בבי"ע נתבאר במ"א, בבחינת בינה ז"א מלכות יותר עליונים מן הנ"ל, וכאן גילה בחינת התחתון בא"ק עצמו עכ"ל. ופירושו פשוט כי הכא אומר רז"ל, דבינה וז"א ומלכות המקנננין בבי"ע, הם בינה וז"א ומלכות דאצילות, אבל במ"א [והוא במבו"ש דנ"ה סוף ע"ד] נתבאר שהמקנננין בבי"ע הם יותר עליונים, שהם בינה וז"א ומלכות דא"ק. לכן אומר מהרי"ץ דכאן גילה בחינת התחתון, שהם בינה ז"א ומלכות דאצילות, ושרשם בבינה וז"א ומלכות דא"ק עצמו, כי גם הם נתלבשו בבינה וז"א ומלכות דאצילות, וזה כלל לכל השאר שלא נתפרשו כאן. ר"ל ומכאן נלמוד כלל, שכדי להאיר ביצירה חזר אור הז"א דאצילות ונתלבש ג"כ בז"א דבריאה. וכן כדי להאיר בעשיה חזר אור המלכות דאצילות ונתלבש במלכות דבריאה, ובמלכות דיצירה, וכמבואר בנה"ש די"ב ע"ב, ובחסדי דוד אות ח'. ולפי גירסת הספרים שלפנינו דגרסי יותר תחתונים, יש לפרש דברי מהריי"ץ ז"ל באופן אחר, והוא זה נתבאר במ"א, הוא בפ"ב דשער מ"ז, יותר תחתונים מן הנ"ל. דשם כתב שהם בינה דאצילות, וז"א דבריאה, ומלכות דיצירה, ולא כדכתב הכא דשלשתם הם ואצילות. אלא שלפי זה קשה, דמאי חשיב מהרי"ץ גם לבינה דאצילות מכללות היותר תחתונים, והוא גם בפרק ב' דשער מ"ז קתני שהיא בינה דאצילות, כדקאמר הכא. ומוכרחים לומר דגרסת מהרי"ץ בפרקין היתה גם הבינה דא"ק נתלבש וכו', וכן בסמוך גריס ובתוכם מתלבש אור ו"ק דז"א דא"ק וכו', וכן בסיפא גריס ובתוכם מלכות לבדה דא"ק וכו', ולא גריס דאצילות כגירסא שלפנינו, וכנראה מסיים לשונו שכתב וכאן גילה בחינת התחתון בשרשם בא"ק עצמו וכו', מבואר מזה דהוה גריס הכא א"ק.

126

כמו שז"ת דהארת מלכות דא"ק הם עתיק יומין לעולם האצילות, כך הארת ז"ת דמלכות דאצילות היא עתיק יומין לכולם הבריאה.

127

ז"ת דעתיק דבריאה יתלבשו בא"א, כמו שלמדנו בסוגית ההכלות איך שבע מתלבשים בעשר.

128

עתיק דבריאה בא"א דבריאה, א"א דבריאה באו"א דבריאה, ואו"א דבריאה בזו"ן דבריאה.

129

בהוי"ה של כללות העולמות אות ה' שבשם הוי"ה היא בעולם הבריאה.

130

בין א"ק לעולם האצילות אין מסך, המסכים הם למטה מעולם האצילות, ומשם הם מתחילים, כי עולם האצילות הוא קשור בקשר אמיץ עם א"ק, כי הקשר בין א"ק לאצילות הוא **"הוא וגרמוהי וחיוהי חד בהון"**, לעומת זאת עולמות בי"ע נקראים עולמות הפרוד, והם רק חילות דמלכות דאצילות. יוצא שהמסך הכללי הראשון הוא בין האצילות לבריאה, המסך השני הוא בין הבריאה ליצירה, והשלישי בין היצירה לעשיה.

אור ו'"ק ד"ת צ"ל ז"א[131] **ד'"אצילות**[132] **ונתהווה**[133] **בזווגת עתיק יומין די"צירה**[134], **וז"ס ז"א** דאצילות **מקנן בי"צירה**[135], **וזה העתיק מתלבש בא"א** שהוא הכתר **די"צירה** כו', **על דרך הנזכר בבריאה כנ"ל, וגם הוא** כולל **ה"פ** שהם א"א, או"א, וזו"ן **די"צירה, וכולם בזווגת ו' דהוי"ה הכוללת כל העולמות**[136]. כאן הרב ז"ל מקצר[137] וכותב **ואזז"כ ירדו** הארת ז"ת **דמלכות די"צירה, ובתוכם מלכות לבדה.**

131

יש כאן טעות סופר, וצריך לגרוס ז"א, שהם ו'"ק דאצילות. וזה הלשון בספר אדם ישר בדרוש זה.

132

הגהות ובאורים)ו'(– נ"א דבריאה, א"ה עיין בשער מ"ז, שער סדר אבי"ע, ובנה"ש דל"ד ע"א.

133

שורש עולם היצירה הוא בז"א דבריאה, ושורש של ז"א דבריאה הוא בז"א דאצילות, ושורש ז"א דאצילות הוא בז"א דא"ק, וכמו שעולם האצילות נאצל על ידי אור הא"ס שעבר דרך כתר דא"ק, והתלבש בחכמה דא"ק, ועבר דרך בינה וחג"ת נה"י דא"ק, והתלבש במלכות דא"ק, והארת ז"ת דמלכות דא"ק שהיא עתיק לאצילות, נתלבשה בכתר דאצילות, ובכל פרצופי האצילות. ובעולם הבריאה – אור הא"ס עבר דרך כתר דא"ק, והתלבש בחכמה דא"ק, ומשם התלבש בבינה דא"ק, אחר כך עבר דרך חג"ת נה"ים דא"ק, ועבר גם כן דרך כתר וחכמה דאצילות, ונתלבש בבינה דאצילות, אחר כך עבר דרך חג"ת נה"י דאצילות, ונתלבש במלכות דאצילות, והארת ז"ת דמלכות דאצילות היא עתיק לכתר דבריאה, ומאיר בכל פרצופי הבריאה. כך גם אור הא"ס עבר דרך כתר דא"ק והתלבש בחכמה דא"ק, ואח"כ עבר דרך בינה דא"ק, והתלבש בז"א דא"ק, אח"כ עבר דרך מלכות דא"ק, ודרך כחב"ד דאצילות, והתלבש בז"א דאצילות, אח"כ עבר דרך מלכות דאצילות, ועבר דרך כחב"ד דבריאה, ואח"כ התלבש בז"א דבריאה, ומשם התלבש במלכות דבריאה, והארת ז"ת דמלכות דבריאה, הוא עתיק יומין לעולם היצירה, ומאיר לכל פרצופי היצירה.

134

נהר שלום די"ב ע"ב - ואח"כ עוד החכמה הנזכר דא"ק עם אור הא"ס המלובש בה עברה דרך הבינה דא"ק ונתלבש בז"א המלכות דא"ק ודרך כחב"ד דאצילות ונתלבשה בז"א דאצילות ועברה דרך המלכות דאצילות ודרך כחב"ד דבריאה ונתלבשה בזעיר אנפין דבריאה ודרך המלכות דבריאה ירד והאיר בכל פרצופי היצירה.

135

תיקוני הזהר, תיקון ו' דכ"י ע"ג עם תרגום והסבר - **עמודא דאמצעיתא** שהוא ז"א דאצילות, **כליל שית ספירן** הכולל שש ספירות שהם חג"ת נה"י, **מקנן במטטרו'"ן** מקונן בעולם היצירה שישולט בו המלאך מ"ט. **פרי עץ חיים, דרושי שבת פרק כ"ג** - ג' ברכות אחרונות הם נה"י דז"א, הנשארים חוץ לדיקנא והם נעשין מוחין בחב"ד לנוקבא. כלל העולה, כי הז"א עלה ו' מדרגות בדיקנא, ונוקביה ו' מדרגות באבא, כי ג'"ר דאבא הם בנה"י דז"א שכנגדם. ועולם הבריאה במקום אימא, וזה סוד אימא מקננא בכורסייא. ויצירה במקום ז"א, וזה סוד ז"א מקנן ביצירה.

136

בהוי"ה של כללות העולמות אות ו' שבשם הוי"ה היא בעולם היצירה.

137

שורש עולם העשיה הוא במלכות דיצירה, ששורשה הוא במלכות דבריאה, ומלכות דבריאה שורשה במלכות דאצילות, ומלכות דאצילות שורשה המלכות דא"ק. כמו שאצילות, בריאה ויצירה קבלו את אור הא"ס דרך מעברים והתלבשויות, כך גם עולם העשיה קיבל. יוצא שאור הא"ס עבר דרך כתר דא"ק, והתלבש בחכמה דא"ק, אחר כך עבר דרך בינה וחג"ת נה"י דא"ק, והתלבש במלכות דא"ק. אחר כך עבר דרך כחב"ד וחג"ת נה"י דאצילות, והתלבש במלכות דאצילות. אחר כך עבר דרך כחב"ד וחג"ת נה"י דבריאה, והתלבש במלכות דבריאה. אחר כך עבר דרך כחב"ד וחג"ת נה"י דיצירה, והתלבש במלכות דיצירה. והארת מלכות דיצירה היא עתיק יומין שמתלבשת בא"א דעשיה, וא"א דעשיה מתלבש בפרצופי או"א וזו"ן דעשיה.

דאצילות, מתלבשת (נ"א היא לבדה מתלבשת) תוך א"א צ"ל עתיק יומין, שהוא כתר דעשיה, וגם זה דרך מסך שהוא המסך השלישי הכללי שבין יצירה לעשיה. וזה סוד מלכות מקננא באופן[138], ונקרא עתיק יומין, ומתלבשת תוך א"א דעשיה, והכל על דרך הנ"ל ביצירה, וגם הם ה"פ שהם א"א, או"א, וזו"ן, וכולם בבחינת ה' תחתונה דהוי"ה הכוללת כל העולמות[139].

138

תיקוני הזהר, תיקון ו' דכ"ג ע"א עם תרגום והסבר - **אימא תתאה** שהיא מלכות דאצילות, **מקננא באופן** היא מקננת בעולם העשיה, שנקרא אופן על שם המלאכים שבעולם העשיה שנקראים אופנים, **דאתמר ביה** ועל זה נאמר - **והנה אופן אחד בארץ.**

139

בהוי"ה של כללות העולמות אות ה' שבשם הוי"ה היא בעולם העשיה.

עֵץ חַיִּים

לְרַבֵּינוּ חַיִּים וִיטַאל

שֶׁקִּיבֵּל מִמָרָן הָאֲרִ"י זלה"ה

שַׁעַר ג'

שַׁעַר סֵדֶר הָאֲצִילוּת לַמוֹהֲרַזְז"ו

פֶּרֶק א'

חֵלֶק הַתַּרְשִׁימִים טַבְלָאוֹת וְצִיּוּרִים

שִׁמְזֹת חַיִּים

<u>**הקדמה קצרה**</u>

דע כי כל התרשימים הציורים והטבלאות, הם אך ורק לשכך את האוזן, ולשבר את העין. וכל הציורים הם לא שלמים.

כתב הרי"ח הטוב ברב פעלים ח"ב בסוד ישרים ה' - אך דע לך כי סדר התלבשות המחצבים שכתב מהרח"ו בשערי קדושה עד עולם הזה שאנחנו עומדים בו. וכן סדר התלבשות הפרצופים אשר בכל מחצב ומחצב, וסדר התלבשות העולמות זה בזה, והיושר והעיגולים, לא אית אינש דכיל למנלע למנדע רזא דנא, איך היא עשוי, איך הוא עומד, ולא אפשר לשכל אנושי לצייר כל הנזכר על אמתתם, ועל בורריין מפני כי שכל האנושי בהיותו עצור ומונח בגוף גשמיי, אי אפשר לי להשיג דבר רוחני, והוא זה דומה לאדם סומא מן הבטן שלא ראה מאורות מימיו, דודאי אי אפשר לו לצייר מראות השמש והירח הנראין לעיני הבריות, וכל שכן מה שיש למעלה למעלה.

וכן כתב ברב פעלים ח"א בסוד ישרים א' - סוף דבר הכל נשמע, ה' אחד ושמו אחד, ואין לו גוף ולא דמות הגוף, ואין לו שום ציור, ותמונה ודמיון כלל ועיקר, וגם כל העולמות וספירות הקדושים למעלה אין להם שום ציור ודמיון של גופים האלה כלל, ואין מי שיוכל לידע איך הוא עמידתם וסדרם, ואיך עומדים עולמות היושר ועולמות העיגולים, ואיך מתחברים זה עם זה, ואיך נמשך השפע מזה לזה, ואיך הוא תוארם ומראיהם, ואיך הוא מהות השפע המחיה אותם, ומקיים אותם, וכמה הוא שיעור אורכם וגובהן ורחבם, ואיך הם נכללים זה בזה, ומלבישים זה לזה, כי בכל זאת אין שום שכל אנושי יוכל לדעת, ולהבין, ולהשיג, כלל ועיקר.

הרב ז"ל כתב בשער אח"פ תחילת פ"א וז"ל - כבר ידעת כי אין בנו כח לעסוק קודם אצילות עשר ספירות, ולא לדמות שום דמיון וצורה כלל ח"ו, אך לשכך האזן, אנו צריכים לדבר דרך משל ודמיון, לכן אף אם נדבר במציאות ציור שם למעלה, אין הדבר רק לשכך האזן. אמנם דע כי עשר ספירות דאצילות הם שתי עניינים. האחד הוא התפשטות הרוחניות, והשני הוא כלים ואברים אשר העצמות מתפשט בהם. והנה צריך שיהיה לכל זה שורש למעלה לשתי בחינות אלו, ולכן צריכין אנו לדבר בסדר המדרגות מראש עד סוף, והנה נתחיל ונאמר כי הלא הא"ס ב"ה אין בו שום ציור כלל ח"ו כמבואר.

הרב ז"ל כתב בשער טנת"א פ"א - והנה אף על פי שאנו מכנים וקוראים כאן כנויים אלו כגון אדם ראש אזנים וכיוצא אינו רק לשכך האזן לשיובנו הדברים לכן אנו מכנים כנויים אלו במקום גבוה, עד כאן לשונו.

וכן הרמ"ק בפרדס רימונים ש"ו פ"א - וציירו להם המקובלים צורות ביריעות גדולות וקראום אילן.

הרב ז"ל כתב בסוף ש"ה פ"ד וז"ל - ואמנם דבר גלוי הוא כי אין למעלה גוף ולא כח גוף חלילה. וכל הדמיונות והציורים אלו לא מפני שהם כך חס ושלום. אמנם לשכך את האוזן לכשיוכל האדם להבין הדברים העליונים הרוחניים בלתי נתפסים ונרשמים בשכל האנושי, לכן ניתן רשות לדבר בבחינת ציורים ודמיונים, כאשר הוא פשוט בכל ספרי הזוהר. וגם בפסוקי התורה עצמה כולם כאחד עונים ואומרים בדבר הזה כמו שאמר הכתוב עיני ה' המה משוטטים בכל הארץ. עיני ה' אל צדיקים. וישמע ה'. וירח ה'. וידבר ה'. וכאלה רבות וגדולה מכולם מה שאמר הכתוב ויברא אלהים את האדם בצלמו בצלם אלהים ברא אותו זכר ונקבה וגו'. ואם התורה עצמה דברה כך גם אנחנו נוכל לדבר כלשון הזה, עם היות שפשוט הוא שאין שם למעלה אלא אורות דקים, בתכלית הרוחניות, בלתי נתפשים שם כלל, וכמו שאמר הכתוב כי לא ראיתם כל תמונה, וכאלה רבות. ואמנם יש עוד דרך אחרת כדי להמשיך ולצייר בה הדברים העליונים, והם בחינת כתיבת צורת אותיות, כי כל אות ואות מורה על אור פרטי עליון, וגם תמונת זו דבר פשוט הוא כי אין למעלה לא אות, ולא נקודה, וגם זה דרך משל וציור לשכך את האזן כנזכר. ולכן נבאר עתה הקדמה הנזכר על דרך ציור האותיות גם כן ובבחינת ציורים אלו, הן ציור האדם, והן ציור אותיות, שתיהן מוכרחים להבין ענין האורות העליונים, כאשר תראה ספרי הזוהר בנויים על שתי בחינות הציורים האלה, עד כאן לא.

ולכן גם אנחנו הרשינו לעצמינו לצייר ציורים, תרשימים וטבלאות, אך ורק כדי לשכך את האוזן, ולשבר את העין, כדי להבין את הסוגייה.

אח"י

סדר שמות שמות ההיכלות והשערים בעץ חיים

שם היכל	שער	שם השער	פרקים													
			א	ב	ג	ד	ה	ו	ז	ח	ט	י	יא	יב	יג	יד	טו
אדם קדמון	א	עיגולים ויושר	א	ב	ג	ד	ה									
	ב	השתלשלות י"ס דרך עגו'	א	ב	ג											
	ג	סדר אצילות למהרח"ו	א	ב	ג											
	ד	אח"פ	א	ב	ג	ד	ה									
	ה	טנת"א	א	ב	ג	ד	ה	ו	ז							
	ו	עקודים	א	ב	ג	ד	ה	ו	ז	ח						
	ז	מטי ולא מטי	א	ב	ג	ד	ה									
נקודים	ח	דרושי נקודות	א	ב	ג	ד	ה	ו								
	ט	שבירת הכלים	א	ב	ג	ד	ה	ו	ז	ח						
	י	תיקון	א	ב	ג	ד	ה									
	יא	מלכים	א	ב	ג	ד	ה	ו	ז	ח	ט	י				
הכתרים	יב	עתיק	א	ב	ג	ד	ה									
	יג	א"א	א	ב	ג	ד	ה	ו	ז	ח	ט	י	יא	יב	יג	יד
או"א	יד	או"א	א	ב	ג	ד	ה	ו	ז	ח	ט	י				
	טו	זווגים	א	ב	ג	ד	ה	ו								
	טז	הולדת או"א וזו"ן	א	ב	ג	ד	ה	ו	ז							
ז"א	יז	ז"א	א	ב	ג	ד										
	יח	רפ"ח נצוצין	א	ב	ג	ד	ה	ו								
	יט	אנ"ך	א	ב	ג	ד	ה	ו	ז	ח	ט	י				
	כ	המוחין	א	ב	ג	ד	ה	ו	ז	ח	ט	י	יא	יב		
	כא	לידת המוחין	א	ב	ג											
	כב	מוחין דקטנות	א	ב	ג											
	כג	מוחין דצלם	א	ב	ג	ד	ה	ו	ז	ח						
	כד	פרקי הצלם	א	ב	ג	ד	ה	ו	ז							
	כה	דרושי הצלם	א	ב	ג	ד	ה	ו	ז	ח						
	כו	צלם	א	ב	ג	ד										
	כז	פרטי עי"מ	א	ב	ג	ד										
	כח	עיבורים	א	ב	ג	ד	ה									
	כט	נסירה	א	ב	ג	ד	ה	ו	ז	ח	ט					
	ל	פרצופים	א	ב	ג	ד	ה	ו	ז							
	לא	פרצופי זו"ן	א	ב	ג	ד	ה									
	לב	הארת המוחין	א	ב	ג	ד	ה	ו	ז	ח	ט					
	לג	אונאה	א	ב	ג	ד	ה									
נוק' דז"א	לד	תיקון הנוקבא	א	ב	ג	ד	ה	ו	ז							
	לה	הירח	א	ב	ג	ד	ה									
	לו	מעוט הירח	א	ב	ג	ד										
	לז	יעקב ולאה	א	ב	ג	ד	ה									
	לח	לאה ורחל	א	ב	ג	ד	ה	ו	ז	ח	ט					
	לט	מ"ן ומ"ד	א	ב	ג	ד	ה	ו	ז	ח	ט	י	יא	יב	יג	יד	טו
	מ	פנימיות וחצוניות	א	ב	ג	ד	ה	ו	ז	ח	ט	י	יא	יב	יג	יד	טו
	מא	חשמל	א	ב	ג											
אבי"ע	מב-א	דרושי אבי"ע	א	ב	ג	ד	ה	ו	ז	ח	ט	י	יא	יב		
	מב-ב	כללות אבי"ע	א	ב	ג	ד										
	מג	ציור עולמות אבי"ע	א	ב	ג	ד										
	מד	שמות	א	ב	ג	ד	ה	ו	ז							
	מה	מקיפין	א	ב	ג	ד										
	מו	כסא הכבוד	א	ב	ג	ד	ה	ו								
	מז	סדר אבי"ע	א	ב	ג	ד	ה	ו								
	מח	קליפות	א	ב	ג	ד										
	מט	קליפת נוגה	א	ב	ג	ד	ה	ו	ז	ח	ט					
	נ	קיצור אבי"ע	א	ב	ג	ד	ה	ו	ז	ח	ט	י				

תרשׁימים שׁעׄר ג' פרק א'

<u>טבלת ערכים</u>

עולמות	אדם קדמון	אצילות	בריאה	יצירה	עשיה
פרצופים	ע"י וא"א	אבא	אמא	ז"א	נוקבא
ספירות	כתר	חכמה	בינה	חג"ת בנה"י	מלכות
הוי"ה	קוץ של י'	י	ה	ו	ה
אורות	יחידה	חיה	נשמה	רוח	נפש
מלוי	שורש הוי"ה	ע"ב - יוד הי ויו הי	ס"ג - יוד הי ואו הי	מ"ה - יוד הא ואו הא	ב"ן - יוד הה וו הה
טנת"א	שורשים	טעמים	נקודות	תגין	אותיות
נקודות	קמץ	פתח	צרי	סגול, שוה, חולם חיריק, קבוץ, שורוק	אין ניקוד
אדם	גולגולתא	מוח ימין	מוח שמאל	גוף וברית	עטרת היסוד
מל"ץ	מ - מקיף, יחידה	ל - מקיף, חיה	מוח	לב	כבד
שנגל"ה	שורש	נשמה	גוף	לבוש	היכל
י"ב פרצופים	ער"ן ואו"ן	או"א עלאין	ישסו"ת	זו"ן	יעו"ר
כל צמא	אורות	מוחין	צלמים	לבושים	כלים
אברים	מוח	עצמות	גידין	בשר	עור
חושים	מוח	ראיה	שמיעה	ריח	דיבור
מחצבים	א"ס	ספירות	נשמות	מלאכים	חושך
צלם	מ' מקיף ב'	ל' מקיף א'	צ' מוח	צ' לב	צ' כבד
דחצ"מ	אלוקות	מדבר	חי	צומח	דומם
יסודות	יולי	מים	אש	רוח	עפר
רקיעים	ערבות	ערבות	ערבות	מכון, מעון, זבול שחקים, רקיע	וילון
גלגלים	גלגל השכל	גלגל היומי	מזלות	ככבים	לבנה
היכלות	קודש קודשים	קודש קודשים	קודש קודשים	אהבה, זכות, רצון, עצם השמים, לבנת הספיר	לבנת הספיר
מלוי הוי"ה		מו - וד ייד י	לז - וד י או י	יט - וד א או א	כו - וד ה ו ה
אהי"ה		קס"א - אלף הי יוד הי	קס"א - אלף הי יוד הי	קמ"ג - אלף הא יוד הא	קנ"א - אלף הה יוד הה

תרשימים שער ג' פרק א'

תרשים א - א

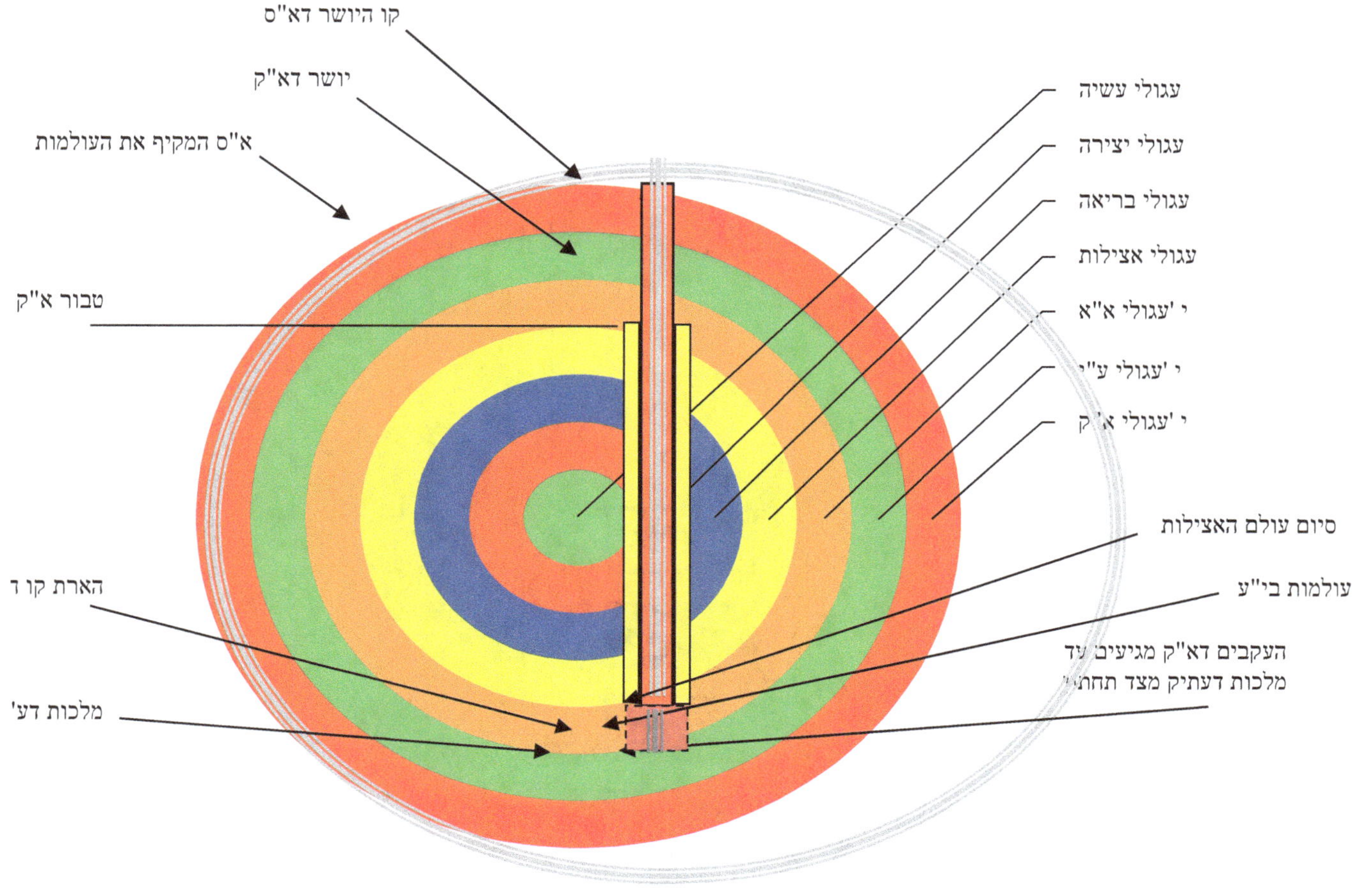
קו היושר דא"ס
יושר דא"ק
א"ס המקיף את העולמות
טבור א"ק
הארת קו ד
מלכות דע'
עגולי עשיה
עגולי יצירה
עגולי בריאה
עגולי אצילות
י 'עגולי א"א
י 'עגולי ע"י
י 'עגולי א"ק
סיום עולם האצילות
עולמות בי"ע
העקבים דא"ק מגיעים עד
מלכות דעתיק מצד תחתי

תרשים א - ב

א"ק
גולגלתא
אצילות
ראיה
עין
בריאה
שמיעה
אוזן
יצירה
ריחה
חוטם
עשיה
דיבור
פה

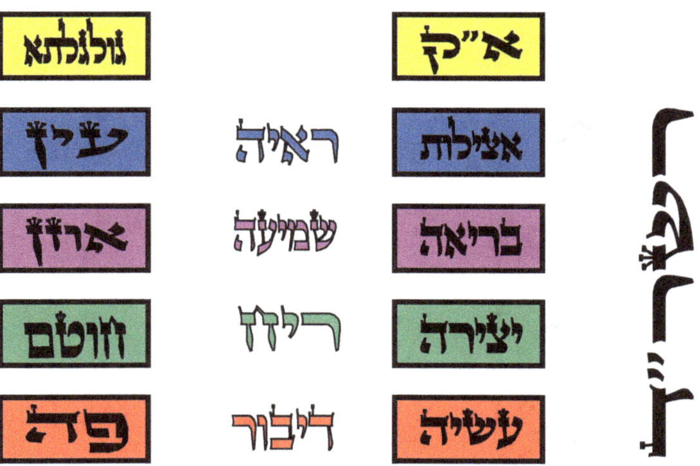

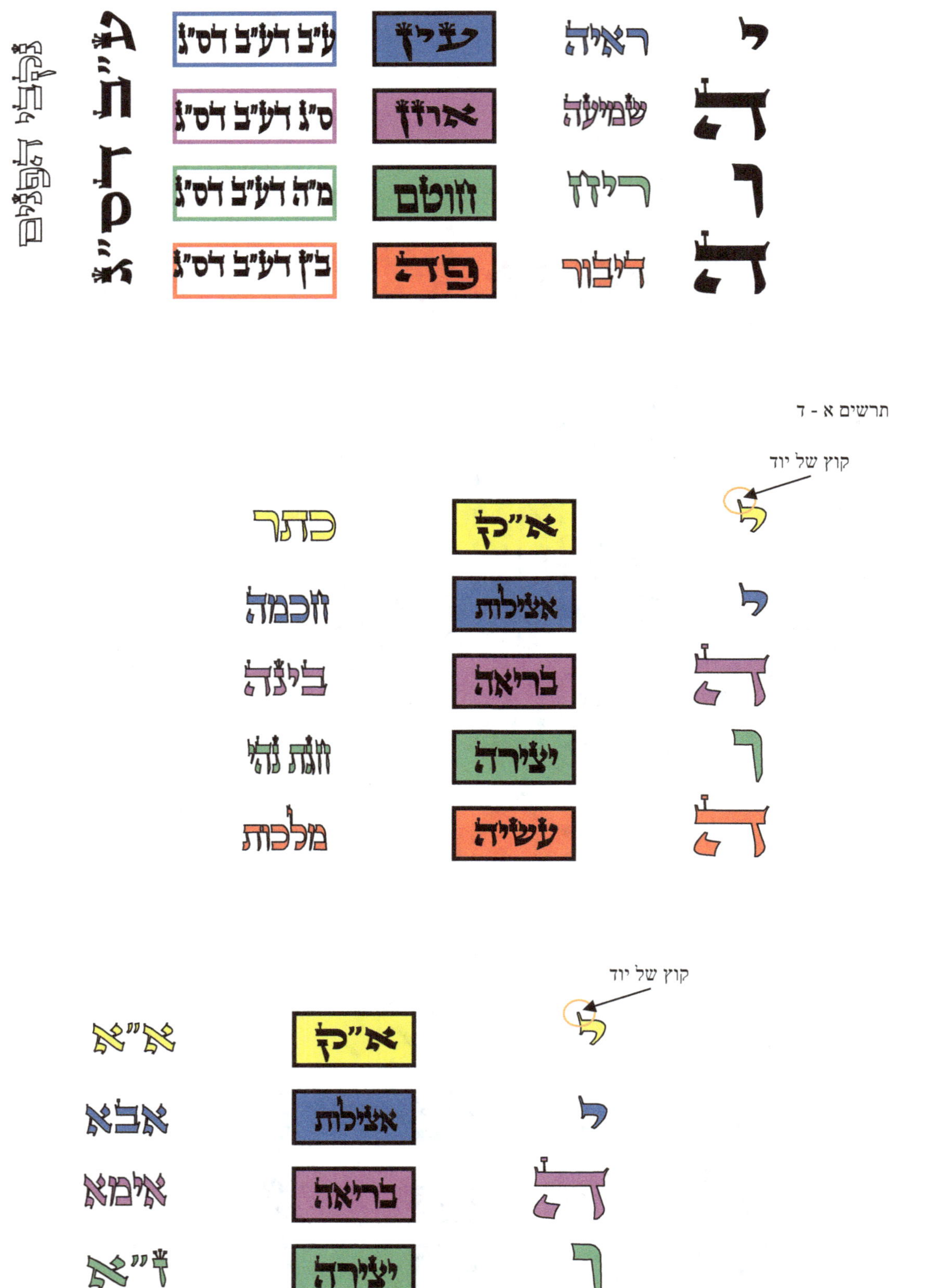
תרשים א - ג
ראיה שמיעה ריח דיבור
צ"ץ ארז חוטם פה
ע"ב דע"ב דס"ג
ס"ג דע"ב דס"ג
מ"ה דע"ב דס"ג
בן דע"ב דס"ג
ע"ב ס"ג מ"ה ב"ן
עצמות כלים
תרשים א - ד
קוץ של יוד
כתר חכמה בינה חג"ת נהי"מ מלכות
א"ק אצילות בריאה יצירה עשיה
קוץ של יוד
א"א אבא אימא ז"א נוקבא
א"ק אצילות בריאה יצירה עשיה

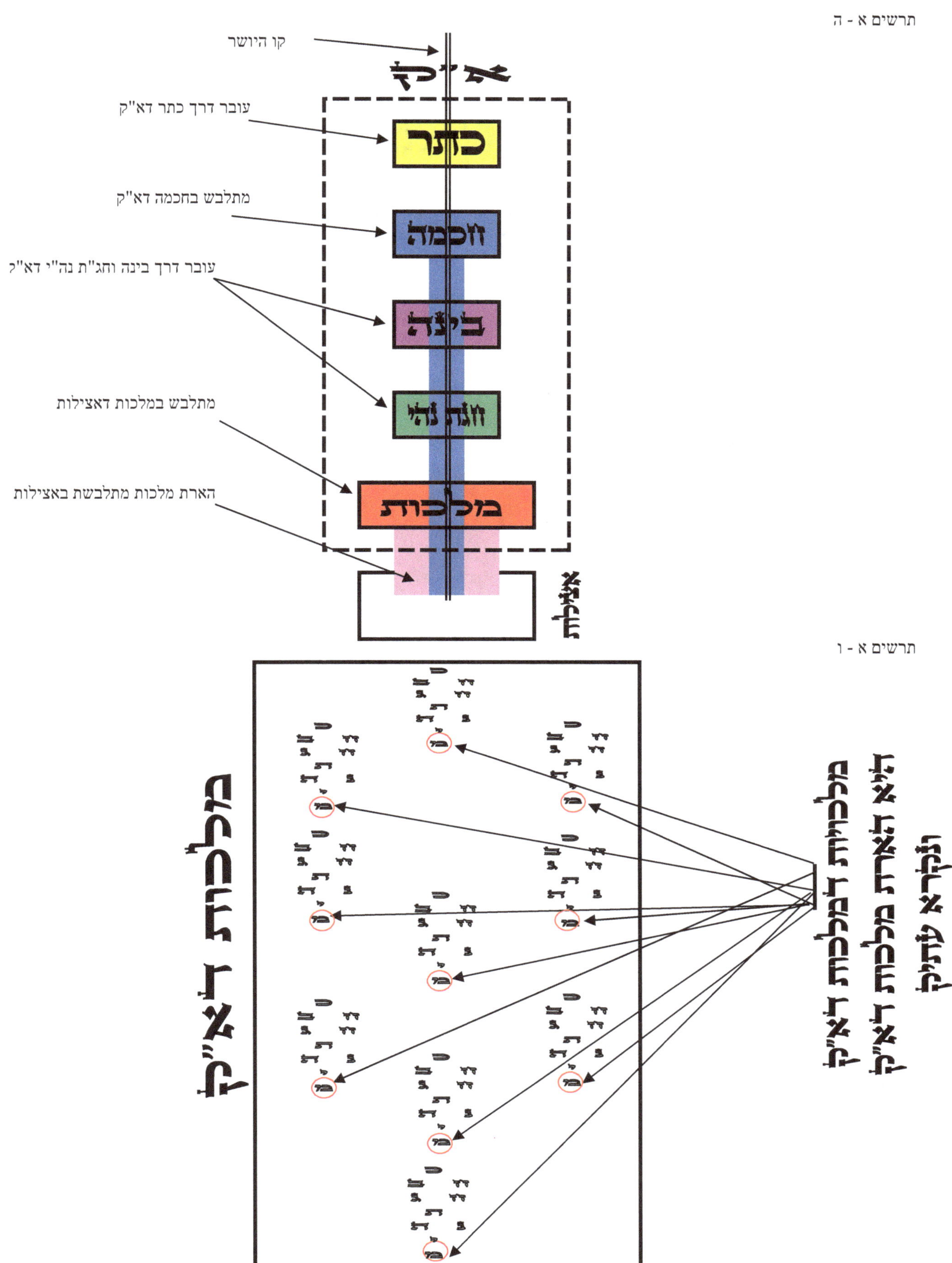
תרשים א - ה
קו היושר
עובר דרך כתר דא"ק
מתלבש בחכמה דא"ק
עובר דרך בינה וחג"ת נה"י דא"ק
מתלבש במלכות דאצילות
הארת מלכות מתלבשת באצילות
א"ק
כתר
חכמה
בינה
חג"ת נה"י
מלכות
אצילות
תרשים א - ו
מלכות דא"ק

א"א
כתר דעתיק
בינה דעתיק
חכמה דעתיק
סדר התלבשות עתיק יומין
בא"א דאצילות
כתר דא"א
חסד דעתיק
חכמה דא"א
גבורה דעתיק
בינה דא"א
תפארת דעתיק
גבורה דא"א
פ"ע הוד דעתיק
חסד דא"א
פ"ע נצח דעתיק
תפארת דא"א
יסוד דעתיק
הוד דא"א
פ"א הוד דעתיק
נצח דא"א
פ"א נצח דעתיק
יסוד דא"א
פ"ת יסוד דעתיק
מלכות דא"א
מלכות דעתיק

תרשים א - ח

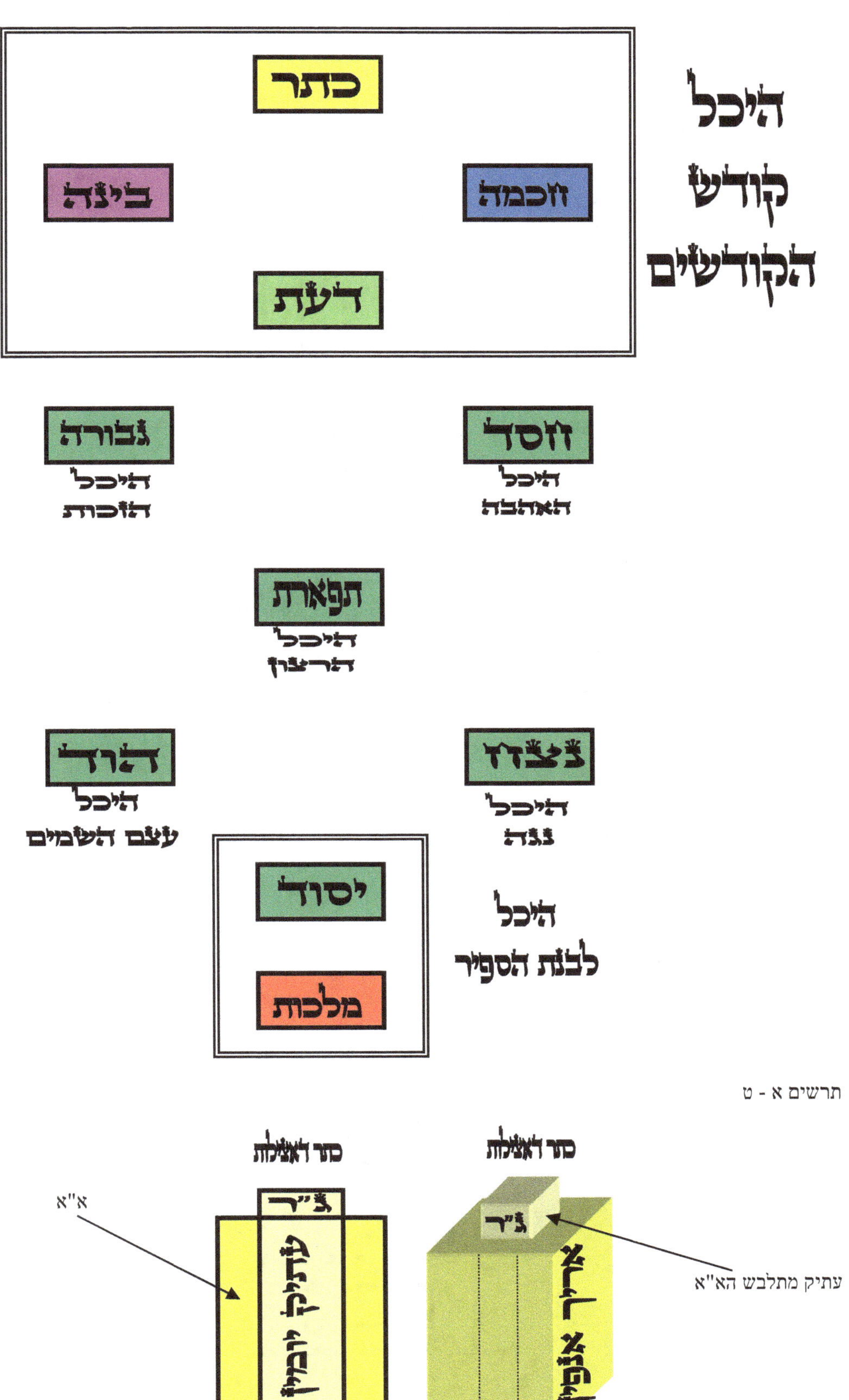

תרשים א - ט

סדר התלבשות פרצופי האצילות בא"א דאצילות

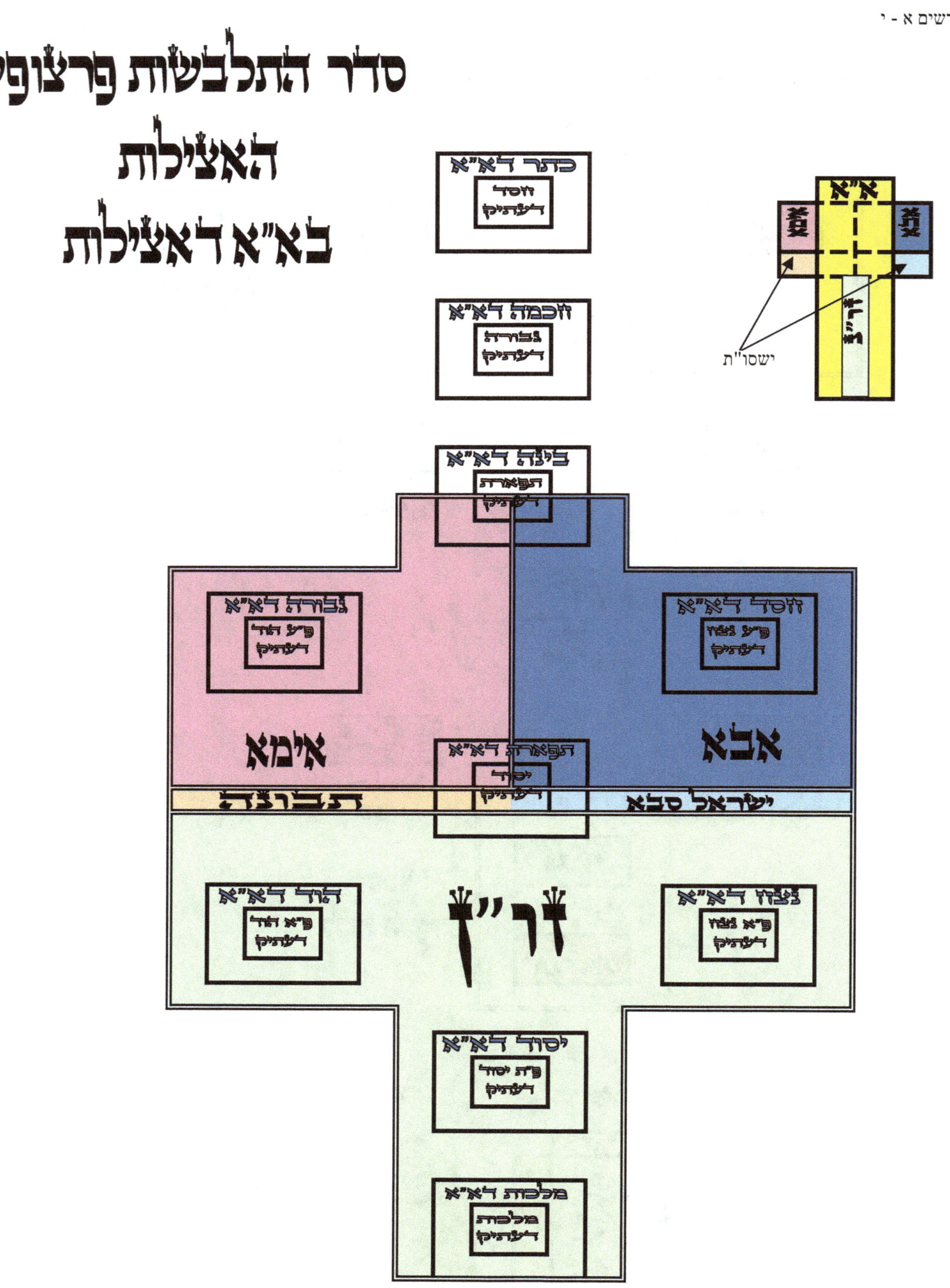

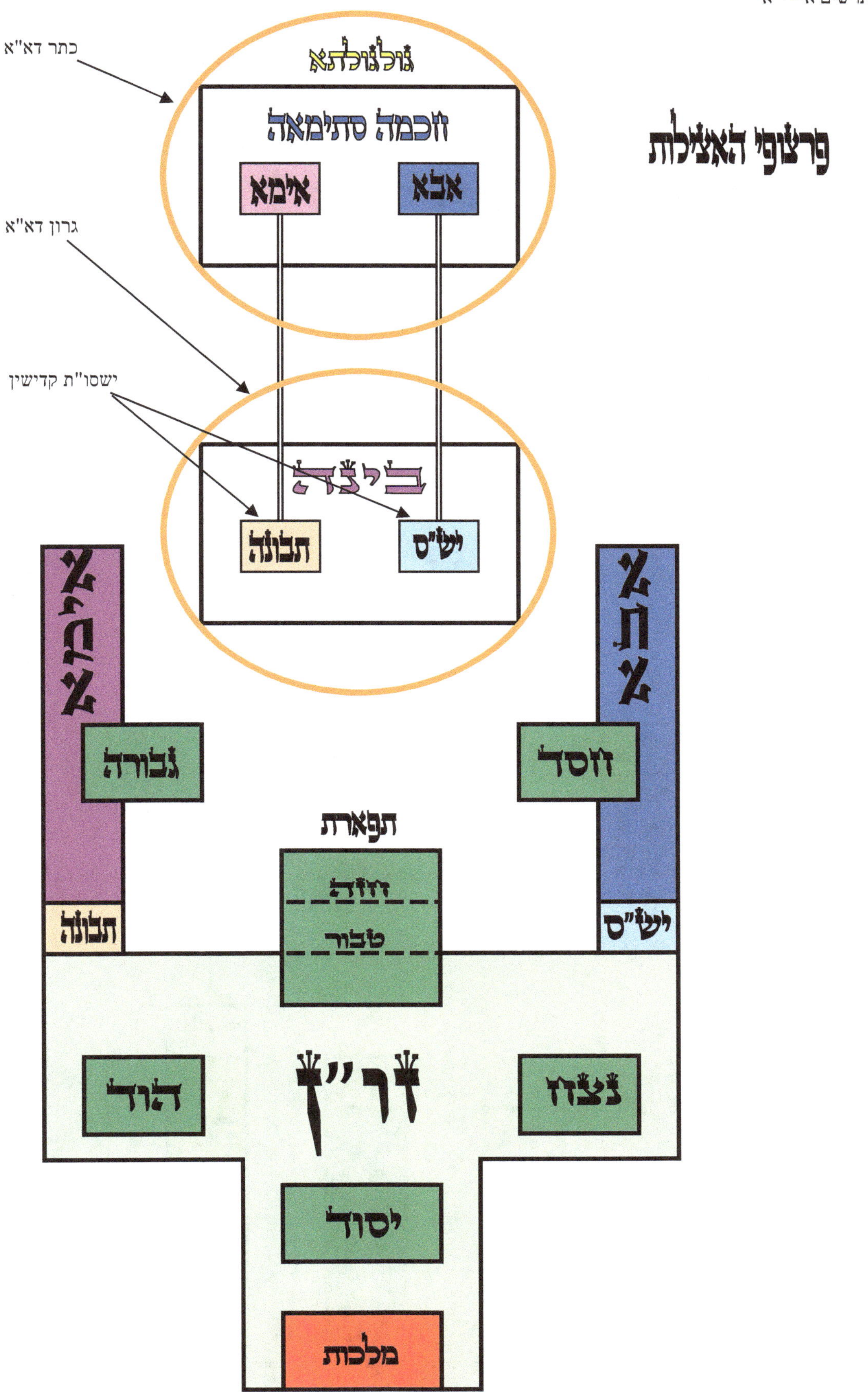
תרשים א - י"א
פרצופי האצילות
גולגלתא
חכמה סתימאה
אימא
אבא
כתר דא"א
גרון דא"א
ישסו"ת קדישין
בינה
תבונה
יש"ס
צלם
גבורה
חסד
תבונה
יש"ס
תפארת
חזה
טבור
דר"ן
הוד
נצח
יסוד
מלכות

תרשׁימים שׁעׁר ג' פרק א'

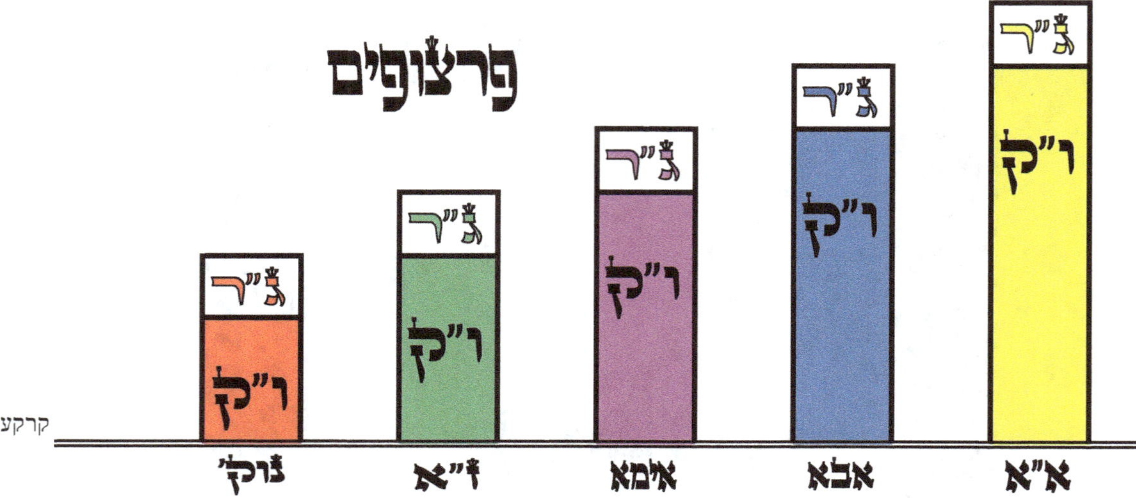

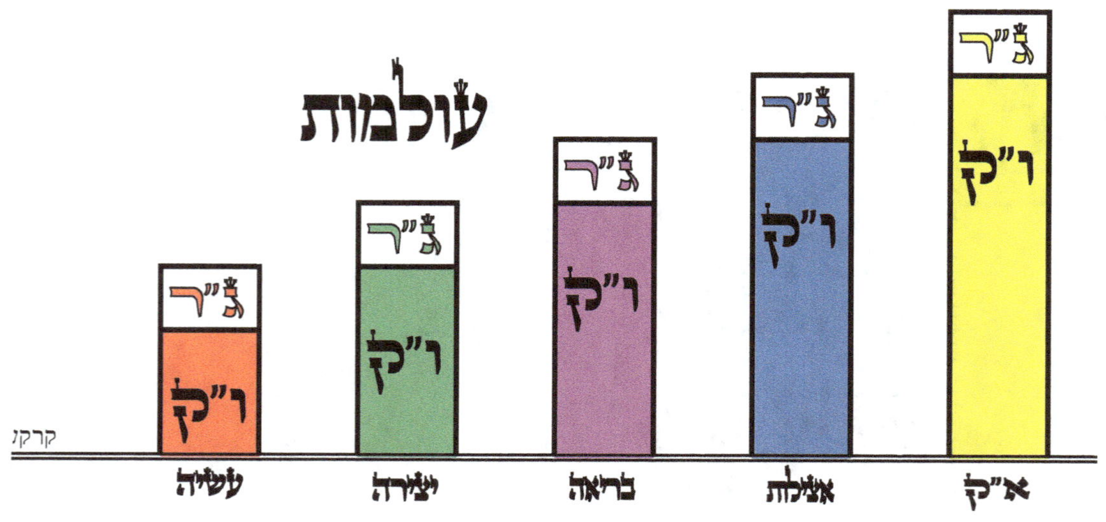

תרשים א - י"ד

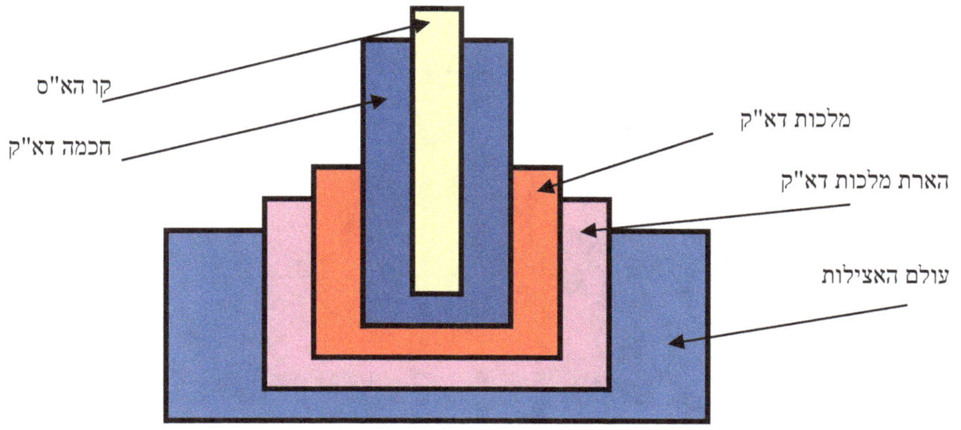

תרשים א - ט"ו

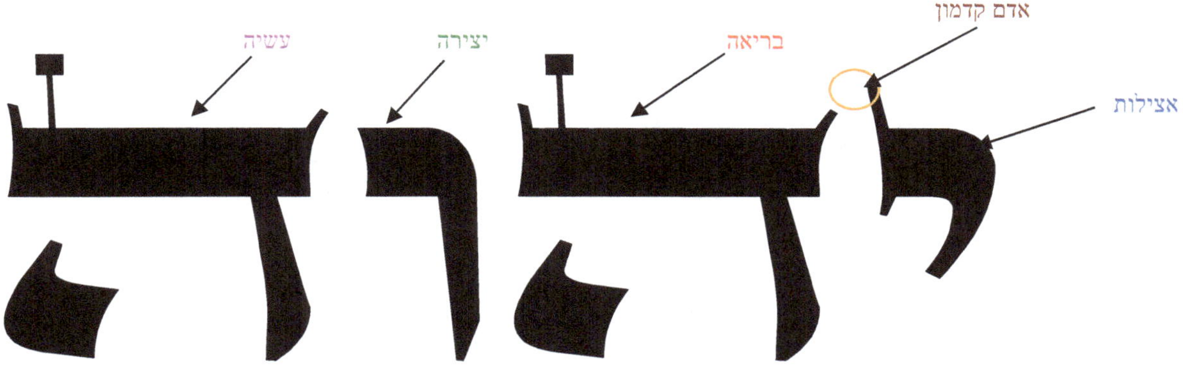

תרשים א - ט"ז

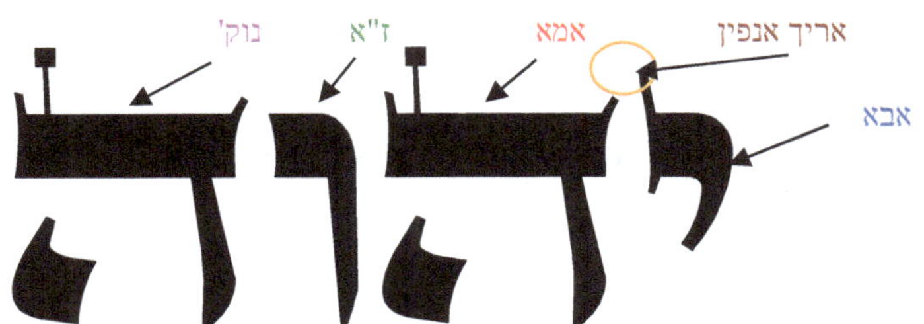

תרשים א - י"ז

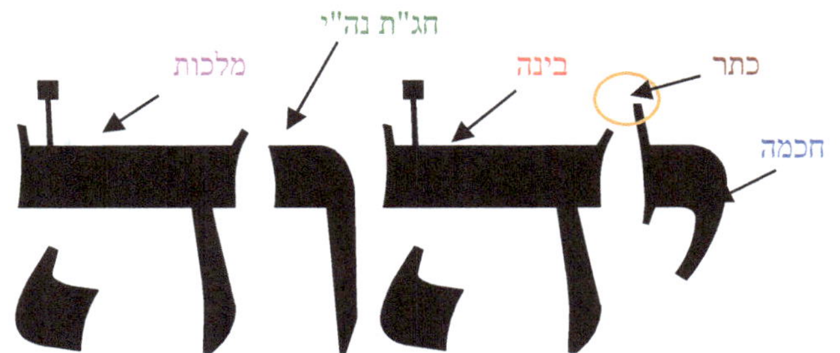

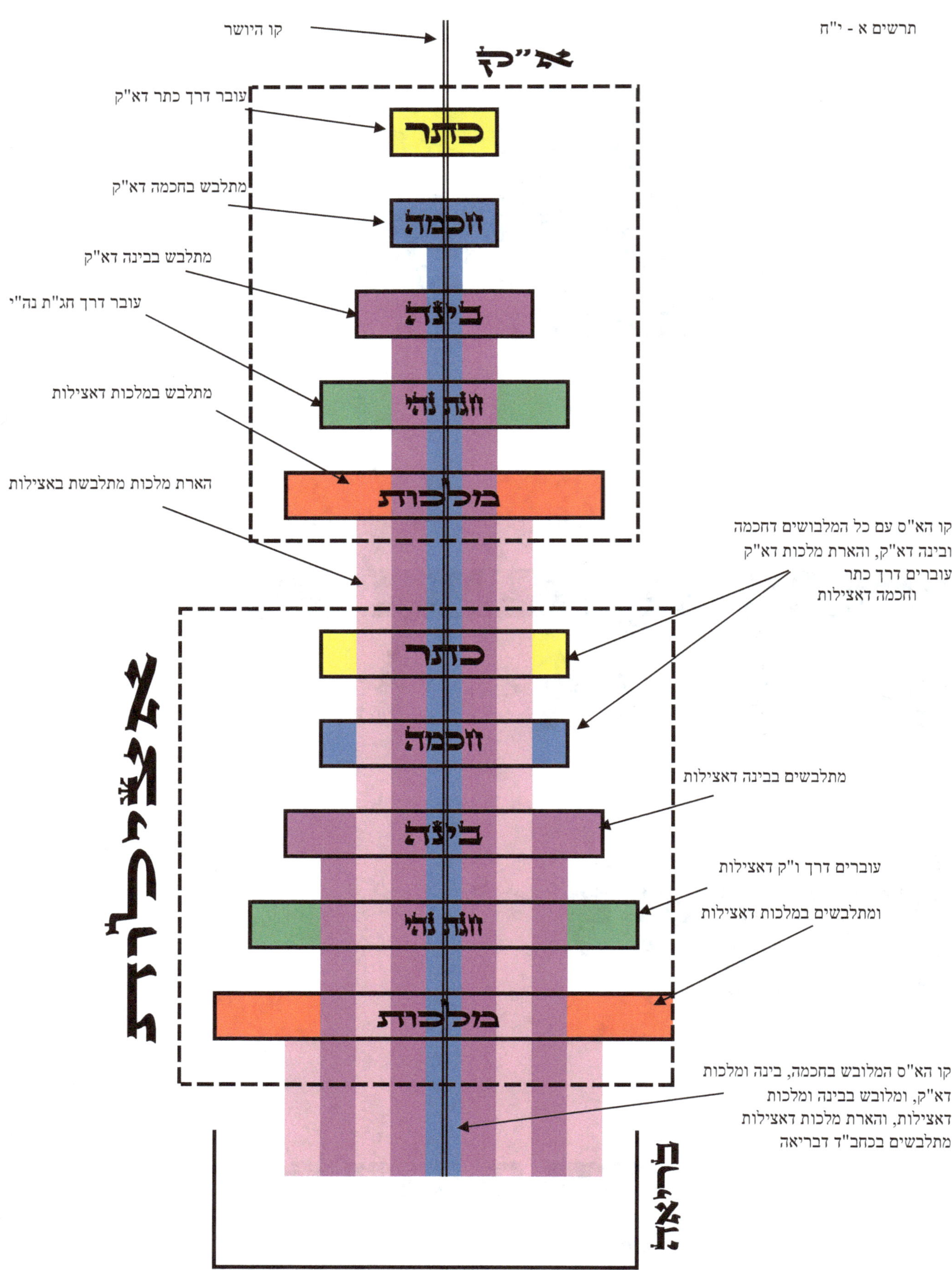
תרשים א - י"ח
קו היושר
א"ק
עובר דרך כתר דא"ק
כתר
מתלבש בחכמה דא"ק
חכמה
מתלבש בבינה דא"ק
בינה
עובר דרך חג"ת נה"י
חג"ת נה"י
מתלבש במלכות דאצילות
מלכות
הארת מלכות מתלבשת באצילות
אצילות
כתר
קו הא"ס עם כל המלבושים דחכמה ובינה דא"ק, והארת מלכות דא"ק עוברים דרך כתר וחכמה דאצילות
חכמה
מתלבשים בבינה דאצילות
בינה
עוברים דרך ו"ק דאצילות
חג"ת נה"י
ומתלבשים במלכות דאצילות
מלכות
קו הא"ס המלובש בחכמה, בינה ומלכות דא"ק, ומלובש בבינה ומלכות דאצילות, והארת מלכות דאצילות מתלבשים בכחב"ד דבריאה
בריאה